JOHANNES FLOEHR

DIALOGE

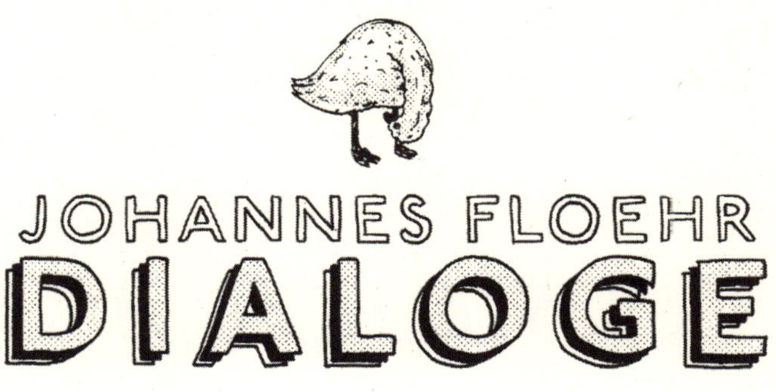

ILLUSTRIERT VON ALEX MAGES

IMPRESSUM

Erste Auflage 2019

Lektora GmbH
Schildern 17-19
33098 Paderborn
Tel.: 05251 6886909
Fax: 05251 6886815
www.lektora.de

Druck: Standartu spaustuve, Vilnius
Covermotiv, Illustrationen
und Layout: Alex Mages
Lektorat: Denise Bretz, Lektora GmbH
Printed in Lithuania

ISBN: 978-3-95461-141-6

INHALT

Wieso bekommt man von Bier Kopfschmerzen, nicht aber von Mozzarella? Gibt es die Bielefeld-Verschwörung wirklich?
Was ist der Sinn des Liebens? Wie lang dauert es, den Mount Everest mit einem handelsüblichen Schlitten herunterzurodeln? Was, wenn man am Ende des Lebens die Bücher, die „man gelesen haben muss", nicht gelesen hat?
Wohin mit den Händen bei Konzerten?
Könnten Bäume, wenn sie wollten, bis zum Himmel wachsen? Was erwarten Menschen von einem Vorwort?
What shall we do with the drunken sailor?
Und Einräder: Warum fallen sie nicht um?

Keine Ahnung, liebe Leserinnen und Leser. Trotzdem viel Vergnügen mit all den tollen/schönen Dialogen und Illustrationen in diesem Buch wünscht

Johannes Floehr

DIALOGE

TANZEN

- hallo willst du tanzen
- ja ok
- kann ich deine handynummer haben
- ja okay
- wollen wir zu mir nach Hause
- ja ok
- bissi küssen
- ja ok
- schmatz
- küss schmatz
- so war ein schöner abend wir sehen
  uns dann morgen wieder
  auf der arbeit klaus
  tschüssi
- tschüss sascha

SCHÖNES WETTER

- hey na
- na
- willst du nicht mal raus
- warum
- ist schönes wetter
- was heißt „schön“
- die sonne scheint
- ich finde regen schön
- du gehst also raus wenn es regnet
- nein
- wann gehst du denn raus
- wenn ich muss
- na ja kommst du jetzt mit raus
- muss ich
- ja
- na gut

ANHALTEN

- hallo herr polizist
- sie wissen warum wir sie anhalten
- denk mal wegen der drogen oder
- nein
- dann wegen der sache mit petra
- auch nicht
- puh hm warum dann
- ihr warnlicht ist an
- ach super dann mach ich das aus
- ja
- danke schön
- gute fahrt

KOMMUNISMUS

- na saskia was
- was denn
- woran ist der kommunismus gescheitert
- denk mal an die leut
- find ich auch
- aber grundsätzlich coole idee
- menschen halt zu blöd dafür ne
- schade
- ja schade

WOHNUNG

- tolle wohnung leonie
- danke
- was zahlst du denn hierfür
- 380 €
- warm oder kalt
- kalt
- und warm
- 250 €
- hä wie kann das denn sein
- die heizung ist kaputt
- das ergibt doch gar keinen sinn
- möchtest du das wlan-passwort haben
- ja
- ach du ich auch
- uff

MILES DAVIS

- hier an der ecke hat 1975
  miles davis gekotzt
- der war mal in krefeld
- na klar
- wieso das denn
- miles davis kannte krefeld aus
  der zeitung
- oh
- ja da stand drin krefeld ist super
  langweilig
- da hat er sich gedacht da muss man
  mal was tun
- genau
- nett vom miles davis
- ja

SCHLUMPFINE

- hey schlumpfine
- oh hallo papa schlumpf
- wollen wir nicht mal zusammen schlumpfen gehen
- bitte was
- ja unten am bach zb
- papa schlumpf du sau
- hä wieso
- das ist ja widerlich
- oje nein ich meinte schlumpfen nicht schlumpfen
- achso dachte schlumpfen
- nee
- uff

RÖMER

- asterix
- was denn los
- guck mal dahinten
- was ist da
- da sind römer
- tatsache
- soll ich denen auf den kopp haun
- na klar voll auf die zwölf
- zwölf
- ja
- so viele sind das doch gar nicht
- obelix

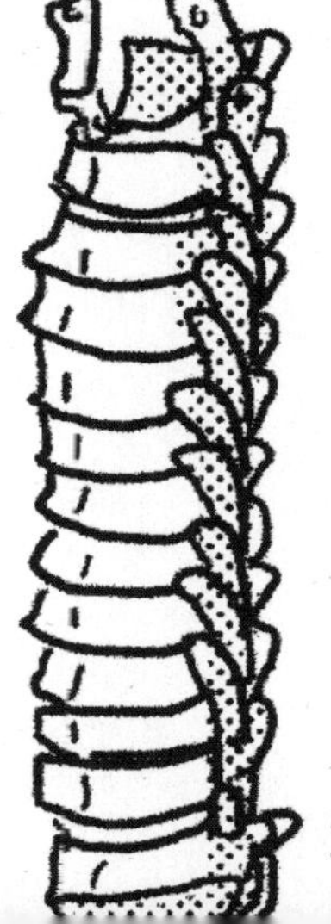

ESSEN GEHEN

- hallo ich möcht mit Ihnen essen gehen
- donnerwetter das ist ja mal was junge dame
- na klar
- da sag ich nicht nein
- juhu wie wärs mit sushi
- gerne mittwoch 19 uhr
- mittwoch kann ich nicht
- schade
- auf wiedersehen
- ciao

DER FLUG

- wofür ist der knopf
- der öffnet die tragflächen
- und der hier
- reguliert die temperatur am rumpf
- was soll das da sein
- das ist die höhenanzeige
- aha
- sind sie wirklich pilot
- das ist eine ganz blöde geschichte
- oje wissen sie denn wie das hier geht
- grob
- na dann
- uff

DIE GEBURT

- ah da ist das kind ja
- klasse endlich
- glückwunsch es ist ein junge
- okay
- wie soll er denn heißen
- wonach sieht er denn aus
- schwer zu sagen
- zeigen sie mal her
- hier
- oje babys sind immer so hässlich
- ja leider
- wie heißen andere babys denn so
- nico clemens ben usw
- ja dann usw

GOETHE

- johann wolfgang
- ja mama
- was machst du da
- nichts
- schreibst du wieder heimlich
  weltromane
- nein nein
- wirklich nicht
- nee nur ein paar aphorismen
- will ich aber auch hoffen
- was hast du gegen literatur mama
- ich kann nicht lesen
- stimmt ist ja noch 18. jahrhundert

DURST

- hallo ein bier bitte
- malzbier pils alt radler alsterwasser export oder desperadoss
- ja pils halt
- veltins becks königshofer warsteiner jever oettinger oder stümple
- königshofer na klar
- klein mittel oder groß
- groß
- flasche oder von fass
- fass
- ist leider aus
- uff

DER BÜRGERMEISTER

- hallo
- hallo
- darf ich reinkomm
- wer sind sie denn
- der bürgermeister
- hui na klar
- schön hier
- danke
- darf ich mal das brot hier
- klaro guten appetit
- darf ich mir die DVD hier leihn
- ja
- hier die 50 € auch
- gern
- danke
- für sie doch gern
- ok muss jetzt auch los
- ciao

SCHWIERIGE MITTEILUNG

- lukas mein schatz
- was denn
- muss dir was sagen
- ok
- der papa und die mama
- ja
- die lieben sich nicht mehr
- na so ein mist
- & du musst dich entscheiden
- wofür
- wo du wohnen willst
- wo wohnt ihr denn dann
- ich in krefeld
- und papa
- in berlin
- dann bei dir na klar

Uerdinger Str.
Zum Grind
NG
25

FÜß VOM SITZ

- entschuldigung
- ja bitte
- die füß bitte runter vom sitz
- warum
- da wollen noch leute sitzen
- also ich seh hier niemanden
- aber theoretisch
- theoretisch hab ich die füß auf dem boden
- sollen wir das jetzt ausdiskutieren
- ja gerne hier nehmen sie doch platz
- geht doch

SPENDE

- willkommen
- hallo
- sie wollen blut spenden
- genau
- super
- hier hab 50 liter schweineblut
- was
- mein onkel ist metzger
- und was sollen wir damit
- sie sammeln doch blut oder nicht
- ja von menschen
- und ich bin kein mensch oder wie
- uff
- schweinerei

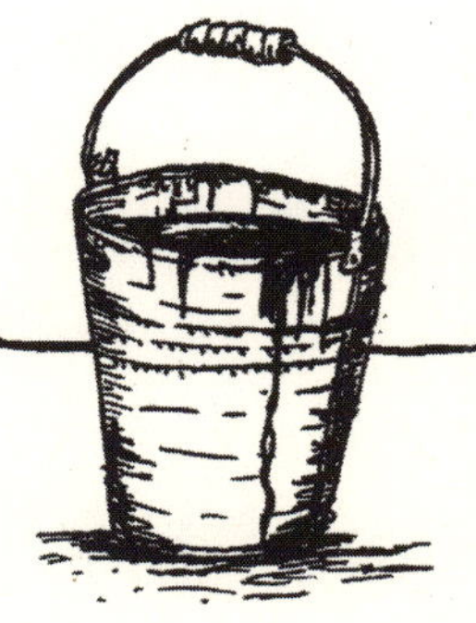

PASSWORT)))

- wie is dein wlan passwort
- „klein und zusammen"
- wie geschrieben
- erste k klein das L groß und das I ist eine 1 dann 1 bindestrich U und N groß dann ein - kleines Z bei S ß M groß und das E ist eine 3 nach dem Z und dem A tilden
- also kLe1n-UNd-z~ußa~mM3n?
- ja
- gut danke

ABENDESSEN

- hallo schatz ich bin zuhause
- oh hallo liebling
- was gibts zu abendessen
- ravioli aus der dose
- mmmhm lecker
- und zwar die guten von maggi
- bolonese oder tomatensauce
- natürlich bolonese
- oh ich liebe dich aylin
- ich liebe dich auch rudi

ÜBERFALL

- hände hoch
- ist das ein überfall
- jawoll
- das ist jetzt blöd
- warum
- die kasse ist leer
- oje was
- kommt leider kaum kundschaft noch
- höre das immer öfters
- weil alle kaufen im internet
- und wo soll ich dann einbrechen
- an uns denkt wieder keiner oder
- sauerei
- ja

RETTUNG

- hilfe hilfe
- was los
- ich ertrinke
- oh
- bitte helfen sie mir
- hast du deinen pass dabei
- was
- aus welchem land bist du
- warum
- musst schon kooperieren
- hilfe
- so wird das nichts
- kann mich kaum halten
- da könnt ja jeder kommen
- hilfe
- willkommen in europa
- blubb

DER SEHTEST

- was ist oben links
- ein P
- und daneben
- ein Z
- und daneben
- glaube ein D
- gut jetzt die reihe darunter
- ganz links ein 語
- ein was
- na ein 語
- sind sie sicher
- könnte auch 象 sein
- ja genau
- puh das war knapp

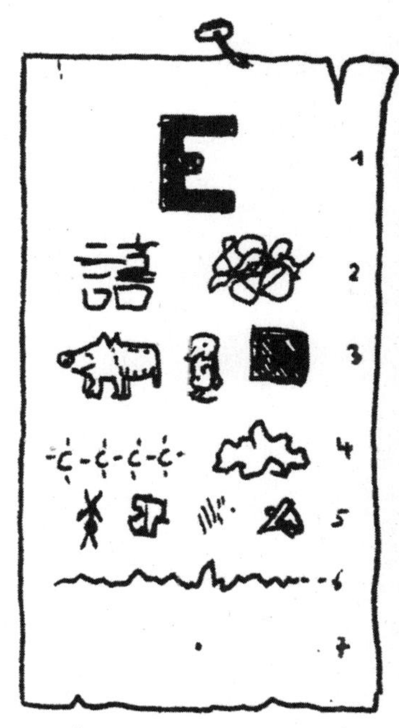

STOPP POLIZEI

- stopp anhalten bitte
- uff hallo herr polizist
- wissen sie warum ich sie angehalten habe
- sie wollen ein autogramm oder
- ganz genau herr jauch
- ach sagen sie doch günther
- gerne
- wo soll ich unterschreiben
- hier
- sehr gerne
- mensch klasse günther danke
- na klar

- wer bist du denn
- ich bin die sonne
- aha
- kennst du mich nicht mehr
- leider nein
- ja ich war lange weg
- okay
- bin jetzt wieder da
- von mir aus
- hey was machst du da
- vorhänge zu
- warum
- tschüss hehe

BARES FÜR RARES
FOLGE 219a

- willkommen bei bares für rares
- hallo
- wer bist du denn
- ich bin philipp amthor
- tach ich bin der horst
- okay
- und was hast du uns mitgebracht
- meine wertvorstellungen
- die sind ja steinalt
- ja einige jahrhunderte
- oha
- sind die wertvoll
- nee wertlos leider
- schade

BOCHUM

- hey leute
- jaaaaa da ist er
- ich bins herbert grönemeyer
- jaaaa juhuuu
- bochum macht mal lärm
- wuhuuuuu jaaaa super herbert
- und hier kommt mein erster song
- oooh welcher wirds sein
- er heißt bochum
- jawoll alder
- tief im westöööäööäööön

FLIEGEN

- hallo leute
- boah wow fabian fliegst du oder was
- nee
- sieht aber so aus
- ja weil ich auf einem riesigen chamäleon reite
- achso und dann sieht das so aus wie fliegen oder
- ja
- cool fabian
- danke
- na klar
- und was macht ihr so
- versicherungsbetrug begehen
- auch cool

SEGWAYS

- guten tag wir machen eine umfrage über segways
- ja ok
- wie finden sie segways
- sehr sehr geil
- auf einer skala von 1-10
- 10
- hätten sie gerne ein segway
- ja
- ok das wars als danke bekommen sie ein segway geschenkt hier bitte
- das ist ja klasse!!!! danke
- gern

NEUES AUTO

- hey tolles neues auto
- danke ist ein sechszylinder
- was heißt das
- weiß nicht so genau
- okay
- aber klingt cool oder
- ja besser als zb vier
- ja
- und was verbraucht der so
- benzin
- ja wie viel
- ich tanke immer dienstags und freitags
- einfach klasse valentin
- na klar

DER PIZZAMANN

- hallo hier ist der pizzamann
- hallo hier ist johannes
- okay und
- wie und
- ja hallo kannst du bitte aufmachen
- warum
- ich hab die pizza
- achso ja
- genau
- komm doch rein
- gerne
- immer rein in die gute stube
- kann ich schuhe anlassen
- ja
- mh lecker pizza
- na klar

WAS MITBRINGEN

- ich geh einkaufen soll ich dir was mitbringen
- ja gerne acht kästen bier
- wie soll ich die denn tragen du vogel
- linke hand 4 kästen rechte hand 4 kästen
- ah stimmt top danke
- bis gleich
- bis gleich

BÖLLER

- hallo hab eine frage
- ja bitte
- draußen hängt ein schild
- ja
- „unsere böller sind halal“
- genau
- stimmt das
- das ist jetzt überall so
- überall
- ja in deutschland sind seit 2018 alle böller halal
- das gibts ja nicht!!!
- doch
- dann kein böllern diese jahr
- hehe

RADIO

- hallo möcht mich bewerben
- fürs radio
- na klar
- was könn sie denn
- promis nachmachen
- bitte
- hallo ich bin gerhard schröder
- hahaha
- kann auch merkel
- wirklich
- ja klar ich bins die kanzlerin
- sehr gut
- hab ich den job
- ja
- hurra
- das war jetzt boris becker oder

FEMINISMUS

- sag mal
- was denn
- du bist doch feminist
- ja
- aber warum
- warum denn nicht
- du bist doch ein mann
- ja und
- das widerspricht sich doch
- hab auch eine frage an dich
- ja bitte
- bist du gegen robbenschlachten
- na klar
- bist du eine robbe
- nein
- ach

FEUERWEHR

- hallo bei uns brennts
- das ist ja blöd
- ja kommen sie bitte
- wann passt es ihnen denn
- na jetzt
- haben sie einen termin
- nein
- puh schwierig
- wann ginge denn
- donnerstag
- weiß nicht obs dann noch brennt
- dann brauchen wir ja auch gar nicht
  kommen oder
- stimmt
- ciao

Musiker

- la la laaaa lala la laaa
- hey du kanns ja super singen
- findest du
- ja richtig klasse
- danke
- wollen wir ein band gründen
- was kannst du denn
- schlagzeug
- zeig
- bumm bumm RUMMS dadamrapadadamm bumm
- ja nicht übel
- super wie heißen wir
- ich heiße bernd

UPLOADFILTER

- hallo wie gehts
- ach
- ja
- bin grade am
- am
- genau
- darf man seit artikel 13 noch
- eigentlich nicht
- hehe
- ja
- finde mutig
-
- das auch
- na klar
-

MEXIKO

- warst du schon mal in mexiko
- hä wieso
- nur so
- das fragt man doch nicht einfach so
- wieso
- ja wie viel uhr ist es sowas fragt man einfach so aber doch nicht ob man schon mal in mexiko war oh man
- findste
- ja find ich
- also warste
- nein ich war noch nie in mexiko
- ok

KLEINMACHEN

- kannst du einen zwanni klein machen
- klar
- top hier
- los gehts
- hey was machst du da
- na den schein klein
- mit einer schere
- ja
- sehr witzig
- hehe
- war es das jetzt wirklich wert
- schon
- du schuldest mir 20 €
- hm hab nur nen fuffi
- kann dir den klein machen
- uff

MALTE

- malte bringst du bitte den müll runter
- wieso schon wieder ich warum nicht silke
- silke sitzt im rollstuhl
- aber wir haben doch extra diesen treppeaufzug gekauft
- der ist superlangsam malte
- mama
- malte
- mama
- malte
- ok ich machs

MARTIN DER SPAßVOGEL

- hey martin na wie gehts
- nicht so gut eher schlecht
- oh wieso schlecht????
- war nur späßchen mir geht gut
- HAHAHAHA oh man du wieder
- ja hahaha
- hahahaha hahaha
- haha hahahaha ha
- hahaha
- hahahahaha
- haha ach martin

ERICH

- hallo freunde
- mensch erich bist du immer noch emo
- leute hab doch gesagt das ist
  keine phase
- sondern
- mein leben
- erich ganz ehrlich
- ja was
- dann haben wir kein bock mehr
  auf dich
- gut geh ich halt woanders skat
  spielen fickt euch doch
- fick dich selber erich

PIZZERIA NAPOLI

- ja bitte
- hallo ist da pizzeria napoli
- wer ist denn da
- kim
- mensch kim tach
- tach
- aber du wir heißen nich mehr
  pizzeria napoli
- nich
- nee waren jetzt im sommer mal da
- in napoli
- ja potthässlich
- wie heißt ihr denn jetzt
- pizzeria krefeld
- viel besser
- ja

DIE DA

- hallo thomas
- hallo
- alles klar
- klar
- es ist schon wieder freitag
- ja es ist wieder diese bar
- du ich muss dir erzählen
- was denn
- was mir widerfahren ist
- siehst du denn die zukunft positiv
- ja denn ich bin optimist
- moment
- was geht
- ich sachs dir ganz konkret
- nämlich
- bitte nicht den ganzen songtext sagen
  wegen gema
- uff

KONTROLLE

- haben sie sprengstoff dabei
- nee
- flüssigkeiten
- nein
- messer oder waffen oder sowas
- was ist denn sowas
- sowas wie messer
- dann nein
- super dann guten flug
- danke ihnen auch
- ich fliege gar nicht mit
- was
- ja ich bleib hier
- haben SIE sprengstoff dabei etwa
- uff

MUSIKWUNSCH

- hey dj kann ich mir ein lied wünschen
- na klar was möchtest du hören
- fuchs du hast die gans gestohlen
- haha du bist mir ja einer
- ein richtiger fuchs meinst du?
- ganz genau hahahaha
- also spielst dus
- ja gleich nach meine oma fährt im hühnerstall motorrad
- klasse danke

DER ROMAN

- arbeitest du noch am roman
- na klar
- schon länger oder
- ja
- wie lang
- drei jahre ungefähr
- und wie läufts
- super
- bist du schon weit
- eine figur wird eugen heißen
- und sonst
- hetz mich bitte nicht

VORSTELLUNG

- hallo ich bin dilara
- dilara oder die lara
- dilara
- was denn jetzt genau
- ja dilara halt
- dilara mit 6 buchstaben
- genau
- haha okay
- wie heißt du denn
- ich bin der rick
- derrick oder der rick
- uff

AUFSTEHEN

- guten morgen
- ah hilfe wer bist du
- ich bin der schnöde mammon
- oje
- du musst jetzt aufstehen
- warum
- meinetwegen
- aber es ist so gemütlich
- tja
- ich will weiterschlafen auch
- das sagen sie alle
- ja
- und trotzdem gehorchen sie mir
- alle oder was
- die meisten
- uff

RÜCKENMASSAGE

- tanja kannst du rücken massieren
- warum
- bin sehr verspannt
- klar kann ja mal versuchen
- aaaaah auuu auuu auuua
- das klingt nicht gut
- auu auua uuuh au
- oje
- ja auu ahhh arghh
- nils
- auu aua aah ohhh
- nils
- auua ja was denn
- soll ich jetzt anfangen
- ja gerne
- ok

KLOPF KLOPF

- klopf klopf
- ja bitte
- hallo wir sind maria & josef
- aha
- könn wir in ihrem stall pennen
- lol warum
- mein frau ist schwanger
- ja und
- uff also da in dem bauch da ist jesus drinne
- wer
- der sohn gottes
- das heißt sie sind gott
- nee ich bin josef
- uff

GYROS

- hallo ich hätt gern gyros
- mit zwiebels pommes alles drauf
- ja genau
- bissi tzakizi oben drauf
- nein danke
- zum mitnehmen?
- ja
- sehr gern aber ein problem gibt
- auweia was denn
- wir sind ein schuhgeschäft

SAMSTAGNACHT

- hallo bin johannes
- hi bin karina
- das ist doch nicht schlimm

karina geht

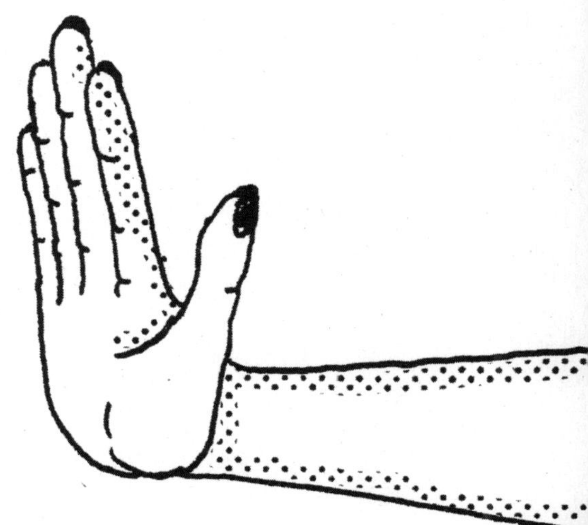

BENJAMIN

- na benjamin
- hi
- wie lief dein badminton-turnier
- hab 4:1 gewonnen
- ist das gut
- ja
- ok kenne mich nicht so aus mit badminton
- hehe
- na dann glückwunsch
- danke wie lief denn dein date mit veronica
- wir haben geküsst
- ist das gut
- ja
- klasse dann glückwunsch
- danke

STUDIUM

- ja hey und was macht ihr so
- wir studieren zusammen sozialpädagogik
- schafft man das alleine nicht oder was

TROJA

- hey trojaner
- was
- ein geschenk für euch
- aha
- hier ein riesiges pferd
- warum
- ach einfach nur so
- nur so
- ja nett oder
- hm
- und wir hauen dann jetzt ab ciao
- moment wo ist denn odysseus
- äh der ist krank zuhaus
- magen-darm
- genau
- ach das geht ja grad rum
- ja

EIN SELBSTÄNDIGER BEI WER WIRD MILLIONÄR

- kommen wir jetzt zur 125.000 € frage
- puh
- also hier ist die frage
- ja
- welcher wochentag ist heute
- ach du scheiße
- a) montag b) dienstag c) mittwoch d) donnerstag
- kann ich publikum fragen
- nein alle joker weg
- bitte herr jauch
- nein
- dann a)
- falsch
- scheiße

WIEDERSEHEN

- hey lang nicht gesehen
- hey
- na und machst du noch das gleiche
  wie früher
- jep
- cool
- und du auch
- ganz genau das gleiche
- sonst was neues
- och geht so eigentlich nicht
- ja bei mir auch
- fand schön dass wir uns mal
  wiedergesehen haben
- ja fand ich auch
- ciao
- ciao

FRAUEN KENNENLERNEN

- bist du bei tinder
- nee
- gehst du in die disco
- uff nein
- überhaupt mal feiern??
- ich geh hier nicht raus
- wie lernst du überhaupt frauen kennen
- hier sind doch überall welche im heim
- saustark opa
- na klar

SCHALE

- was machst du da
- die schale ab
- warum
- mag die nicht
- aber da sind vitamine drin
- unsinn
- doch richtig viele
- welche
- vitamin b12 und so was
- in der babybelschale
- ja das ist roter käse
- schmeckt mir gar nicht bah
- leider oft so bei gesunden sachen
- stimmt

SEEKRANK

- oje mir geht schlecht
- was los
- bin seekrank wohl
- echt
- ja leider
- ist aber auch wild die see
- ja
- ich frag mal den kapitän
- was denn
- ob er langsamer fahren kann
- super
- oder anhalten vielleicht
- zur beruhigung
- genau
- danke gitte
- ach da nich für
- moment mal

VERWECHSELN

- weißt du was oft verwechselt wird
- budapest & bukarest
- ja aber ich meine was anderes
- was denn
- gedankenstrich und minuszeichen
- gedankenstrich ist - oder
- nee eben nicht das ist das minus
- und wie geht der gedankenstrich
- –
- und minus
- -
- ah okay ganz ähnlich
- ja

JESUS

- jesus
- ja was denn
- wie wäre es mit heute
- och nee
- doch du musst wieder auf die erde
- kein bock
- keiner glaubt mehr an dich
- war doch gerade erst
- das ist 2000 jahre her
- oh man
- ja hopp
- wieso geht gott nicht selber mal runter
- sie hat gerade viel zu tun
- uff

OHRWURM

- herr doktor
- was los
- hab 1 schlimmen ohrwurm
- oje
- ja
- zeigen sie mal
- soll ich vorsingen
- gerne
- and all that i can see
- is just a yellow lemon tree
- ganz genau
- hm den bekommen wir weg
- wie denn
- i'm blue dabedi dabedei
- dabedi dabedei dabedi dabedei
- hats geklappt
- ja danke
- super

IM ENGLISCHUNTERRICHT

- hello dear 5a
- hello misses schmitz
- who wants to read his homework
- misses schmitz
- yes felix
- ich hab die hausis nicht
- in english please
- i have the homies not
- then you will end up unemployed
- in deutsch bitte
- du wirst mal arbeitslos
- juhu
- in english please
- yay

DER ZAUN

- komm mit
- wohin
- wir klettern übern zaun
- und dann
- erkunden wir das ungewisse
- oha
- lernen neues kennen
- uh
- lassen uns inspirieren
- aber
- aber was
- das ist verboten
- sagt wer
- der den zaun da hingestellt hat
- achja stimmt
- schade
- ja schade

FLEISCH

- und was gibts neues
- ich esse gerade kein fleisch
- ja das sehe ich
- was
- ja dass du gerade kein fleisch ist
- achso nee ich meine generell
- wieso das denn
- ach einfach nur so
- find das richtig nervig
- was
- wie du mir das aufdrängst
- oha
- richtig missionarisch
- uff

DIE FAHRSCHEINE

- die fahrscheine bitte
- hier
- das ist eine pokémonkarte
- ja
- was soll ich damit
- das ist ein glitzerndes glurak
- und
- 1. edition voll selten
- die fahrscheine wollte ich sehen
- 1999 war die hunderte mark wert
- den fahrschein bitte
- achso ja hier
- danke sehr gute fahrt

WUFF

- na wer bist du denn
- wuff
- du bist ja ein feiner
- wuff
- ein ganz feiner
- wuff
- ein feiner lieber
- wuff
- find dich ein ganz lieber feiner
- wuff
- so fein und lieb
- wuff
- und fein
- uff

WACHSMALSTIFTE

- mami
- ja was gibts
- warum darf man wachsmalstifte nicht essen
- weil die voller chemikalien sind mia
- aber sind kellogs und ferdi fuchs wurst doch auch
- hm guter punkt na dann guten appetit
- mmhm lecker
- hier probier mal den gelben
- mjamm

DER WEINKENNER

- hast du wein da
- na klar zwei verschiedene sogar
- wow welche denn
- weiß und rot
- und welche genau
- der weiße ist in einer grünen flasche
  der rote weiß nicht genau
- ist der weiße trocken
- nee sehr sehr nass
- du hast keine ahnung oder
- ich hol mal den roten einfach
- ok

WE'RE GOING TO IBIZA

- hallo ist da die BILD
- ja wer ist denn da
- bin von der afd
- oha
- und hab ein geheimes vorhaben
- was denn
- würden uns gern in die
  BILD einkaufen
- und dann
- über die BILD unsere inhalte
  vertreiben
- ach ich bitte sie
- was
- das machen wir doch auch so
- oh stimmt
- hehe

SONNENCREME

- entschuldigung
- ja
- wo finde ich denn hier die sonnencreme
- da drüben
- wunderbar danke
- na klar
- ach und sagen sie ist die hier auch so teuer
- ja die ist überall teuer
- warum eigentlich
- damit arme leute nicht vor die tür gehen im sommer
- klasse
- finde ich auch

ANNENMAYKANTEREIT

- ah die vier herrn musiker sind da
- hallo wir sind annenmaykantereit
- super wer ist wer
- ich bin herr annen
- okay guten tag
- ich bin herr may
- hallo
- ich bin herr kantereit
- alles klar hallo
- und ich bin herr huck
- hm
- uff

TATTOO

- willst du ein tattoo
- niemals
- und wenn ich dir 1000 € dafür geb
- nein
- 2000 €
- hm nein
- ok 5000 €
- ja ok welches motiv denn
- das darf ich bestimmen
- und was wird es
- ein schriftzug
- was genau
- 資本主義贏了*
- cool was heißt das
- tja

(*der Schriftzug bedeuetet „Kapitalismus siegte“)

DÖNER

- ein döner mit alles bitte
- mit alles???
- jau
- ach du schreck
- warum was ist das problem
- wir haben kein möhre
- na und
- ja zu alles gehört möhre
- hm
- ja schwierig und nun
- dann ein döner ohne möhre halt
- puh sehr gerne
- hier 3 €
- gute appetit mein freund

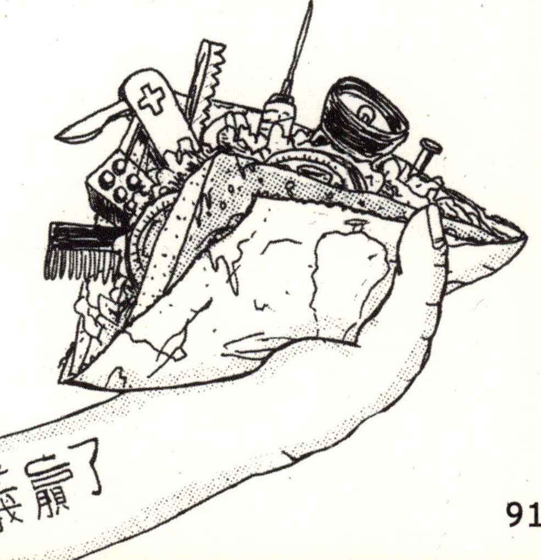

ZIGARETTEN HOLEN

- schatz
- ja
- ich gehe mal eben los
- okay wohin
- äh zigaretten holen
- alles klar

15 minuten später

- bin wieder da
- super

BRILLE

- darf ich mal deine brille aufsetzen
- warum
- aus spaß
- uff
- nur ganz kurz bitte bitte
- ok hier
- haha bist ja richtig blind
- joa
- bist du kurz oder weitsichtig
- rate mal
- kurzsichtig
- richtig
- hehe oh man zum glück kann ich richtig sehen
- kann ich doch auch
- na ja

MAXI BEISTER

- ah da ist das kind ja
- j@@@@
- glückwunsch
- danke
- wie soll es heißen
- maximilian beister
- warum das
- wegen des tores gegen waldhof mannheim
- was
- ja ohne beister wäre uerdingen nicht aufgestiegen
- achso
- ja
- aber das kind ist ein mädchen
- dann heißt es eben maxi beister
- clever

ENERGYO
CONSULTIN

GOTT

- lieber gott
- ja was gibts
- ach du schreck
- was
- du antwortest ja wirklich
- job ist job
- wow
- also was kann ich tun
- ich wollt fragen welche hos ich heut anziehen soll
- gar keine hos mein sohn
- gar keine??
- nee lass mal schön baumeln heut
- juhu danke gott
- na klar

OMATRICK

- ding dong
- herein
- ja hallo ich bins
- wer bist du
- ich bins deine oma
- was
- ja
- wirklich
- na klar
- wie heiß ich denn
- herr müller
- hm das stimmt hallo oma
- kannst du mir 1000 € leihen
- wofür
- brauche die bin sehr alt & arm
- na ok wenn das so ist oma
- danke hehe

STADT	LAND	FLUSS

- sag stopp
- stopp
- G
- gelsenkirchen
- gummersbach
- ok land
- guinea
- grönland
- moment
- was
- zählt grönland
- na klar
- ok gut ausnahmsweise
- fluss
- geysir
- das ja jetzt quatsch
- was hast du denn
- gardasee
- mhmhm
- komm wir spielen lieber fortnite
- ok

HERR DOKTOR II

- und herr doktor
- was denn
- wie siehts aus
- womit
- mit mir
- achso stimmt
- und
- sie haben krebs
- was
- ja leider
- wie lang hab ich noch
- bis was
- na ja bis feierabend ist
- sprechstunde ist bis um sechs
- nein wie lang leb ich noch
- hoffentlich noch lange oder
- uff

FESTIVALBÄNDCHEN

- alter
- was
- da an deinem arm
- was ist damit
- sind das festivalbändchen
- ja sieben stück
- sieben
- hurricane deichbrand rock in der scheune und so weiter
- dann stimmt es also
- was stimmt
- was die leute sagen
- was sagen sie denn
- dass du ein dummer heini bist
- uff

SPEEDATING

1
- wie findest du den kapitalismus
- äh ja ganz gut
- ciao

2
- wie findest du den kapitalismus
- da muss man differenzieren
- ciao

3
- wie findest du den kapitalismus
- was
- ciao

4
- wie findest du den kapitalismus
- scheiße
- hallo ich bin claudia
- ich bin sven

POETRY SLAM

- hey kommst du mit zum poetry slam
- bist du wahnsinnig nein
- warum nicht
- drei gründe
- welche
- erstens die texte
- ok
- zweitens die leute
- joa
- drittens wie die da reden
- ok aber ein gegenargument
- welches
- johannes floehr tritt auch auf
- ich komm mit na klar
- gut

KÖLN

- und wo fahren sie hin
- köln
- beruflich
- nee da wohnt eine freundin
- ne freundin oder eine freundin-freundin
- wenn sies so genau wissen wollen
- ja
- es ist eine affäre
- eine was
- affäre
- entschuldigung wie bitte
- ICH BUMS DIE BLOß
- ist ja gut brauchense nich rumschrein

POSTFRAU

- liebe postfrau
- uff was denn
- störe ich
- bin sehr im stress
- ach wegen weihnachten ne
- ja
- hab 1 frage
- na
- dieses paket hier
- was ist damit
- können sie das auch noch nehmen
- oje
- da steht was drauf auch
- „für meine liebe postfrau"
- ja sind kekse

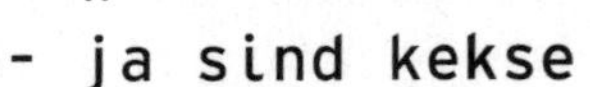

- danke
- frohes fest

NASE

- hi jungs
- ach du scheiße bernd
- was denn
- deine nase ist weg
- ja hab die verkauft
- warum
- gab 1000 € dafür
- wow
- und von dem geld
- ja
- schmeiß ich ne runde bier
- hurra
- juhu
- hier dein bier prost bernd
- hm
- was denn
- schmeckt nach nix irgendwie
- ja ist veltins

ERNIE & BERT

- ernie
- ja was gibts bert
- wir wohnen doch jetzt schon lang zusammen
- stimmt sehr lang
- und verstehen uns gut
- ja du bist mein bester freund bert
- da wollt ich dich fragen
- was denn
- ob wir bei verivox unseren stromtarif wechseln wolln
- ich zieh aus bert tschüss
- uff

WIE SICH SARAH CONNOR UND EIN FAN KENNENGELERNT HABEN

- da drüben
- wo genau
- ja dahinten bei dem baum
- das ist sie niemals
- doch das ist sie
- ok ja kann sein
- ich will ihr hallo sagen
- ja aber wie
- einfach hingehen
- einfach so
- ja genau
- traust dich doch eh nicht
- doch na klar
- mach

- hallo frau sarah connor
- hallo

GUMO

- guten morgen heinrich
- gumo ilse
- gumo?
- ja gumo ist die abkürzung für guten morgen ilse
- ach
- das ist jetzt neu
- klasse
- so spart man zeit
- aber nicht wenn man es erst noch erklären muss
- hahaha das stimmt
- haha ja das stimmt
- lol
- lol?
- ach ilse

KINDERGARTEN

- und alex wie wars heut im
  kindergarten
- war scheiße mama
- warum scheiße
- thorsten hat neue adidas™-schuhe
- der steuerberatersohn
- ja
- uff na und
- wer adidas™-schuhe hat ist cool mama
- was
- ja so sind die gesetze
- ich find dich den coolsten alex
- na immerhin

ACTIONFIGUREN

- willst du meine actionfiguren sehen
- na klar
- das hier ist buzz lightyear
- okay
- von toy story
- was kann der so
- fliegen & seinen namen sagen
- cool und der da
- das ist pikachu
- ach von pokémon
- genau
- was kann der
- seinen namen sagen
- fliegen nicht
- nee
- och der arme

ACH QUATSCH

- warum weinst du
- wurde belästigt heut
- was
- von 1 mann
- wie denn
- sexuell
- ach quatsch
- er hat mich am arm gegriffen feste
- ach joa
- und beleidigt
- hast bestimmt nur was falsch verstanden
- dann hat er mich am rock gezogen
- ach einen rock hattest du an
- ja
- ja dann selber schuld oder

MARTIN UND THOMAS

- Hey, Martin!
- hallo, wie geht thommers
- Was?
- wie geht
- Warst du wieder auf twitter unterwegs?
- na klar
- Auweia, ich hasse es, wenn du so kommunizierst
- jetzt wird stressig oder
- Was soll daran überhaupt witzig sein?
- so klappt nicht thommers
- Was klappt nicht?
- uff

ZUGTICKET NACH BERLIN

- guten tag
- hallo
- was kostet ein zugticket nach berlin
- hundert euro neunzig cent
- uff aber zweite klasse ne
- ja das ist der zweite klasse preis
- und nach münchen
- 120 €
- hamburg
- 90,80 € flexpreis
- uff okay dann nehm ich ein eis
- welcher geschmack
- vanille
- mit sahne
- ja
- eins fünfzig bitte

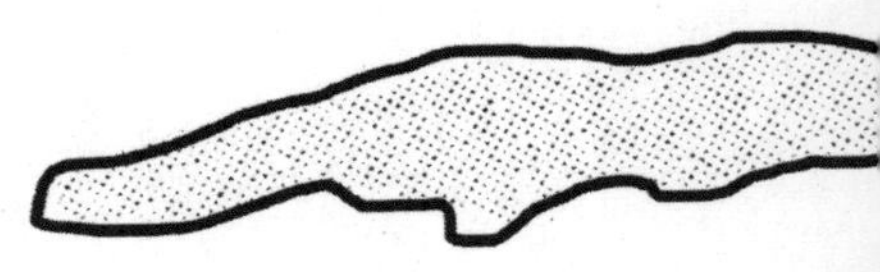

TICKETS

WENN DEUTSCHE NEUE LEUTE KENNENLERNEN

- hallo ich bin pawel
- ah dann klaust du gerne oder
- hi ich bin Ali
- haha ganze tag shisha und ayran bestimmt
- guten tag ich bin der luigi
- na dann mach mir mal ne pizza ahaha
- hallo ich bin manfred
- hallo manfred

SPAZIEREN GEHEN

- na was hast du gestern so gemacht
- war spazieren mit leuten
- was habt ihr so gemacht
- hitlergruß zb
- habt ihr auch was gesungen
- ja
- was so
- schlagt den roten die schädeldecke ein
- aha
- oder ausländer raus
- aber ihr seid keine nazis oder
- nee nur kritisch
- puh gut

SUCHT

- mama
- ja was ist los leon
- warum rauchst du
- weil ich süchtig bin
- das ja scheiße
- ja das ist scheiße
- mama
- was denn noch
- kann ich draußen spielen gehen
- wieso das es ist voll spät
- bin süchtig nach spaß & freud
- na dann ab mit dir raus du kleiner racker
- juhu

MILCH

- die milch
- was ist mit der milch lutz
- die schmeckt komisch heut
- gib mal her
- hier
- ja schmeckt ungewohnt fruchtig
- und ist auch sehr gelb
- seltsam
- na ja dann gieß ich mir o-saft ins müsli
- gute idee
- ja der o-saft heut eh sehr milchig
- mir auch schon aufgefallen

ADAM & EVA

- adam guck mal die äpfel
- sehen richtig lecker aus
- ja
- soll ich uns welche holen eva
- nee das hat gott doch verboten
- na und
- hm
- dann lass einfach nicht mehr an den glauben
- ok hab den eh noch nie gesehen
- stimmt
- hier 1 apfel
- mhm lecker
- super
- religion ist mist

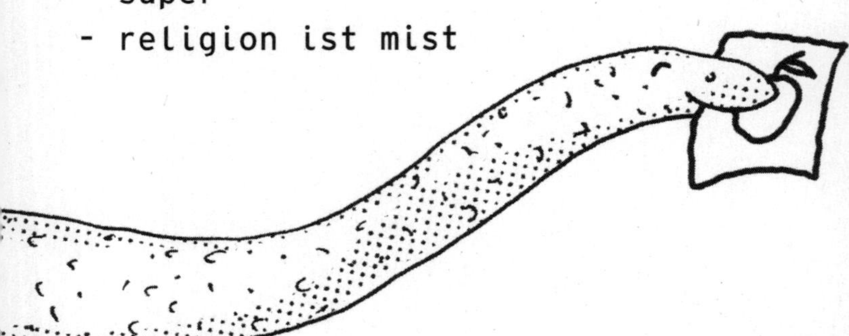

FLYER

- hallo wollen sie einen flyer
- nein danke
- hallo sie
- nee kein zeit
- ein flyer für sie
- nee
- die dame ein flyer
- och ja gerne
- moment
- was
- sie möchten wirklich einen flyer haben
- na klar her damit
- aber ich hab gar keine
- schade
- na ja auf wiedersehen
- tschüsschen

VEGAN

- rolf
- ja
- ich habe mich dazu entschieden ab heute vegan zu leben
- okay
- wie okay
- ja ist in ordnung
- ich dachte da kommt jetzt ein großes bohei
- nee
- oder tobowabohu
- nein
- oder tofuwahubo hehe
- warum sollte es
- dachte ich halt
- iss was du möchtest schatz
- liebe dich
- danke

- taxi müller
- ja hallo ein taxi zu mir
- wo wohnen sie denn
- möcht ich nicht sagen wegen datenschutz
- was
- ja könnt ja jemand abhören
- wie sollen wir sie dann abholen
- ich sag ihnen die adresse verschlüsselt
- okay
- 17 straße kölner
- top also kölner straße 17
- pssst
- uff

THOMAS

- hey thomas
- hallo jürgen
- und wie ist es so in australien
- sehr geil
- wetter und essen gut
- ja fantastisch alles
- na das ist doch schön wie gehts silke
- silke hat durchfall leider
- auweia gute besserung
- danke
- bitte
- so ciao wir gehn jetzt spazieren
- ciao

FREUND

- und hast du inzwischen nen freund
- nein
- oh wieso das denn nicht
- ich hab halt keinen FREUND
- wieso du siehst doch super aus
- uff
- und bist witzig & schlau auch
- aber ich hab halt keinen FREUND
- verstehe ich nicht
- ich bin aber trotzdem in einer beziehung
- hä
- tja

ÜBER GOTT LÄSTERN

- ja bitte
- möcht mit ihnen über gott lästern
- ok dann mal los
- neulich dieser sturm
- der in florida
- musste der wirklich sein
- hm
- na vielen dank auch gott
- uff
- oder meine katze
- was ist mit der
- ist mir entlaufen
- die hier
- oh gott ja
- miau

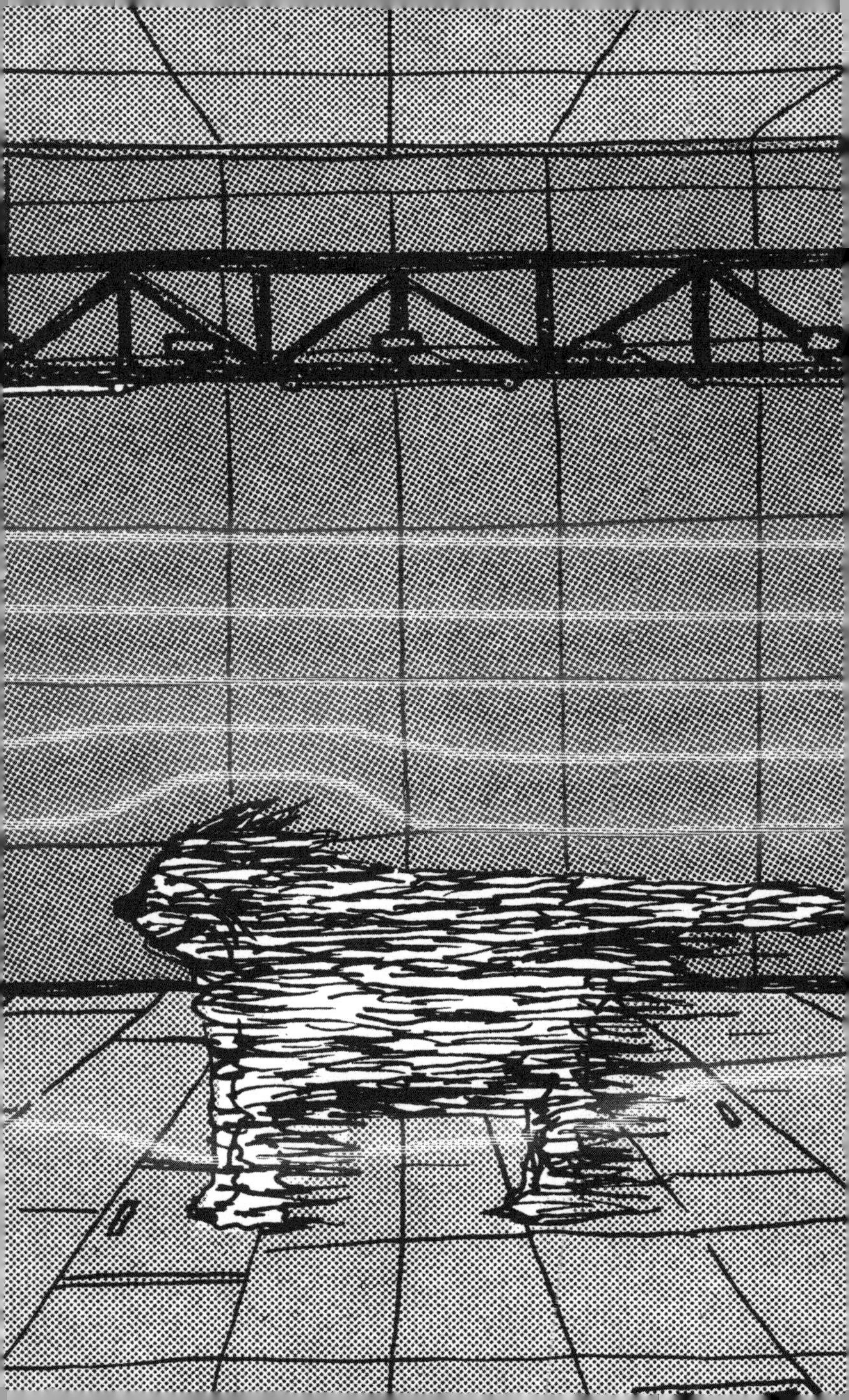

AUF DEM MOND

- guck mal da unten
- die erde
- wie klein die von hier aussieht
- ja
- ich will nie mehr dahin zurück
- wollen wir auf dem mond bleiben
- wie denn
- einfach nicht zurückfliegen
- bist du bescheuert
- warum
- denk doch mal nach steve
- hm
- dann werden wir gefeuert
- oje stimmt

ZAHNARZT

- guten tag
- hallo herr zahnarzt
- dann legen sie sich mal hin
- gern
- kopf in diese winzige bucht bitte
- ja
- hier ein lätzchen an einer
  kalten kette
- okay
- vorsicht der speichelabsauger
- allesch kla
- ich knips noch unangenehmes licht an
- ja
- entspannen sie sich einfach

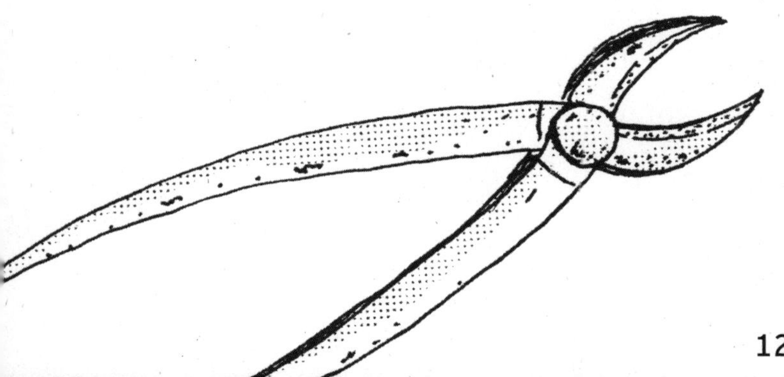

NEUSEELAND

- oh hallo julia
- hallo
- na zurück aus neuseeland
- yes i am oh ich meine ja bin ich
- hehe
- sorry das englisch ist noch so drin
- waren lange 6 monate oder
- ja aber super aufregend
- das glaube ich
- hab mich da auch selbst gefunden
- ehrlich
- ja
- und wer bist du
- julia

BERG HINAUF

- was ist weiß und rollt einen berg
  hinauf
- nee alina komm geh weg mit so witze
- was ist grün und legt eier im wald
- nein
- was ist braun knusprig und unter
  wasser
- alina halt dein schnauz bitte
- was ist lila und spuckt feuer
- ciao
- ich stelle doch nur fragen

TRAINER

- trainer
- ja timo
- hab was wichtiges zu sagen
- dann lass mal hören
- ist nicht leicht für mich
- trau dich
- ich bin schwul
- moment mal
- was denn
- du hast mich angelogen
- wann
- gerade eben
- wieso
- du hast gesagt ist was wichtiges
- huch
- hehe
- danke trainer

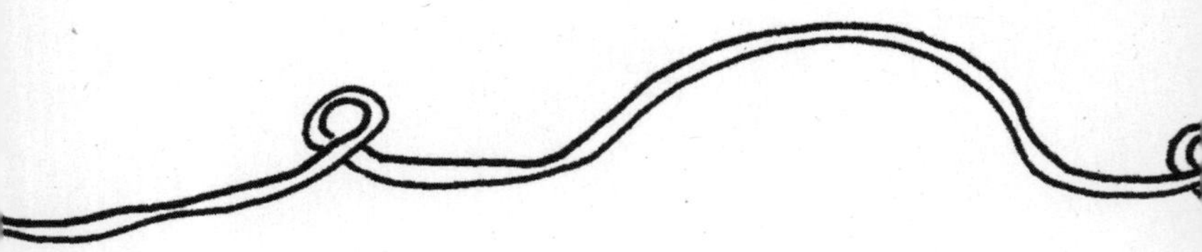

INTERNET

- so gute nacht internet
- warte
- was denn
- hier guck mal 1 lustiges video
- nein
- aber es ist mit süßen tiere wie zb lemur
- ok wie lang geht das denn
- 5 minuten
- uff nee
- wieso
- muss morgen früh raus
- komm das eine noch
- na gut
- hehe

SILVESTER

- hallo gabi
- na
- weißt du schon was du silvester machst
- wann ist das denn
- 31.12.
- uff ist da nicht auch weihnachten
- eine woche vorher
- was du alles weißt
- aber was du silvester machst weiß ich noch nicht
- das ist ja auch noch lange hin oder
- ja
- wusst ichs doch

OPA

- opa
- ja
- hattet ihr früher instagram
- was
- instagram
- was ist das
- da zeigt man seine fotos
- ja sowas hatten wir
- echt
- fotos wurden in bücher geklebt
- haha okay
- und das zeigte man dann rum
- ulkig
- so war das damals
- hattet ihr denn auch dms
- nee nur rossmann

PFEFFER UND SALZ

- kann ich mal den pfeffer
- ja hier
- und das salz
- na klar bitte
- danke jetzt kümmel wenns geht
- mhm
- was
- erik
- was denn
- sag bitte wenn es dir nicht schmeckt
- nee wieso sehr lecker der kuchen
- wirklich
- ja
- gut
- reich mir mal den zimt bitte

PAKET

- hallo nehmen sie ein paket für nachbarn an
- für wen
- frömmelmann
- hm was ist denn drin
- weiß nicht
- dann gucken sie doch nach
- haben sie ein messer
- ja hier
- danke ich mach mal auf
- gut
- ist ein teeservice
- ein schönes
- ja
- dann nehm ich es an
- klasse danke
- ciao

RÖNTGENAUFNAHMEN

- hallo herr doktor
- hallo
- wie siehts aus
- wobei
- na bei mir
- achso die röntgenaufnahmen
- genau
- ja also sie haben einen playstation-
  controller in ihrer speiseröhre
- uff was
- können sie sich das erklären
- nee ich hatte nur xbox
- seltsam
- ja seltsam
- na ja ciao
- ciao

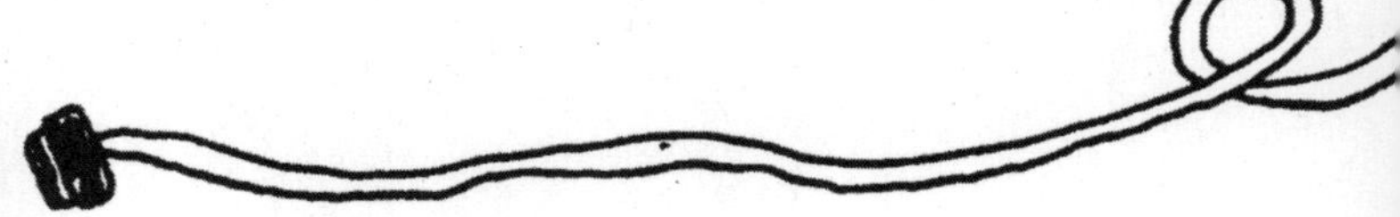

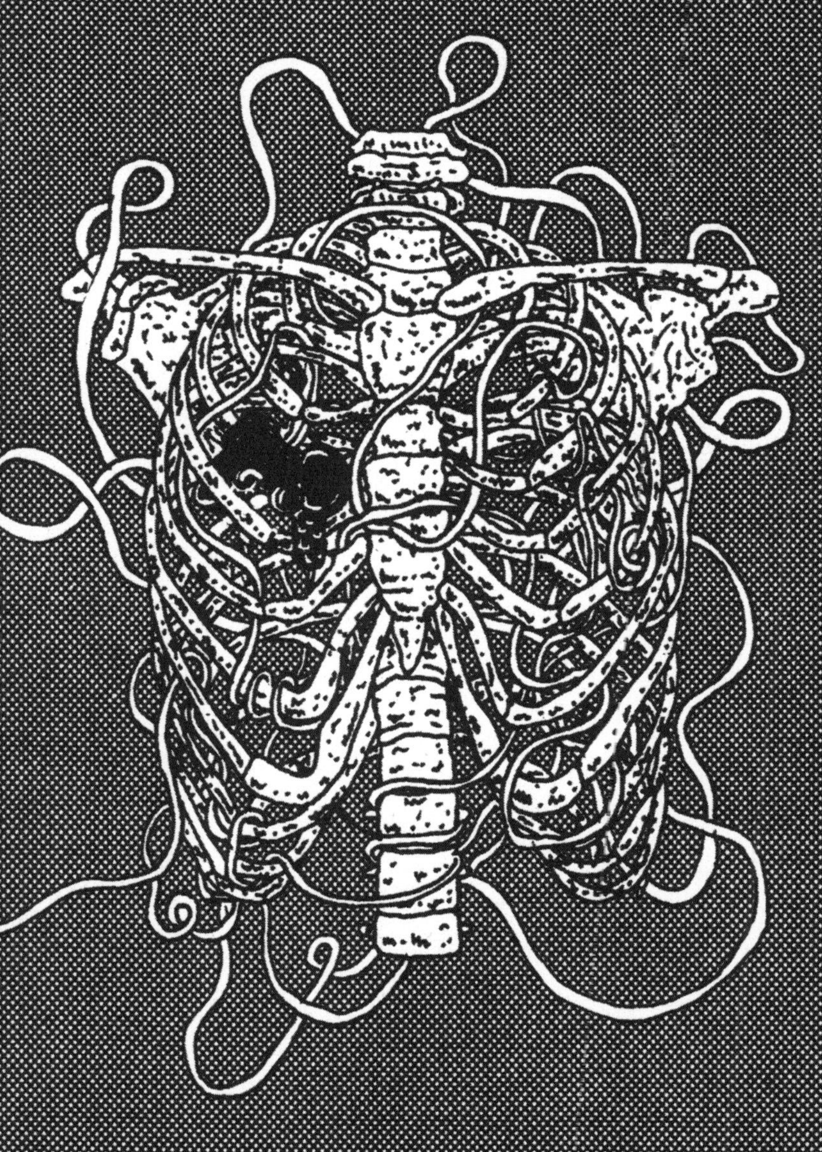

GUTSCHEIN

- willkommen bei mcdonalds
- hallo hab 1 gutschein
- okay
- für 1 junior tüte
- junior tüte
- ja genau
- von wann ist der gutschein
- was älter hatte leider kein zeit
- junior tüte heißt jetzt happy meal
- seit wann
- 1999
- oh
- ja
- was kostet 1 mcchicken
- 2 euro
- 2 was
- uff

BIER TRINKEN

- sag mal
- ja
- ist es okay um 13 uhr bier zu trinken
- kommt drauf an wie mans sagt
- versteh ich nicht
- ja 13 uhr mittags ist zu früh
- also
- also sagt man einfach 13 uhr abends
- ah weil abends bier trinken ist ganz normal
- genau
- wie spät ist es
- 13 uhr abends
- juhu prost
- prost

LALALALA

- wie findest du klimaschutz
- mega unnötig
- warum
- panikmache von den medien
- ja aber
- lalalala ich hör nix
- ok wie findest du schwule
- bah pfui nee
- und lesben
- sehr sehr geil hehe
- klasse möchtest du präsident von brasilien werden
- ok

BREXIT

- hey großbritannien
- oh hi eu
- sag mal wolltest du nicht gehen
- äh yes
- warum dauert das denn so lange
- sorry bin schon auf dem weg
- aha
- beeile mich auch
- gut
- ach eu
- ja was denn
- eine frage
- ja
- darf ich bitte bitte bleiben
- wie bitte
- nee schon gut
- uff
- wobei

Museum

- kommst du mit
- wohin
- ins museum
- auf kein fall
- warum
- kunst ist superöde
- ach
- ja was da hängt das
- sag es bitte nicht
- das hätte ich
- nein stopp
- hätte ich auch selber
- STOPP
- selber nicht gemalt
- was
- ja hätte was anderes gemalt
- nämlich
- pinguine
- oh süß

KÄPTN

- käptn
- ja was gibts
- land in sicht
- oha
- sollen wir hinsteuern
- welches land ist es
- ich hol mal fernrohr raus
- ja
- hm schwer zu sagen
- was siehst du denn
- alles ist ganz klein
- dreh mal das fernrohr um
- oh ja
- hehe
- ah das ist deutschland
- nochmal umdrehen dann

BELLO

- hast du bello gesehen
- deinen hund
- ja
- nein
- schad wo kann er bloß sein
- wo hast du ihn denn zuletzt gesehn
- im garten
- hast du da schon geguckt
- ja
- und
- da war er nicht
- schad wo kann er dann sein
- ich ruf ihn mal
- gut
- BELLO
- ah da kommt er
- puh
- wuff

DIE ELKE

- hallo jungs
- oha rolf du bist ja nackt
- das stimmt
- warum
- das ist eine lustige geschichte
- erzähl
- bin heute morgen aufgestanden
- ja
- und die elke hatte mir gar nichts hingelegt
- ach nichts zum anziehen hingelegt
- nee hat sie wohl vergessen
- ach die elke
- ja haha

WHISKEY

- ein whiskey bitte
- single malt oder scotch
- single reicht glaub ich
- also single malt
- ok
- on the rocks?
- nee bitte pur
- gut
- mit eiswürfeln bitte es ist so heiß
- wie alt bist du eigentlich mein junge
- neun
- okay das erklärts
- ist mein erster whiskey
- ja dann prost

MOZART

- hör mal klara
- was
- die musik
- das ist doch mozart
- ja das menuett aus don giovanni
- nee was schön
- wollen wir tanzen
- warum
- das macht man doch wenn man sich liebt
- ja wenn man sich liebt
- oje
- trotzdem alles gute zum hochzeitstag
- dir auch klara
- ach da nich für

DOMIAN

- und hier ist peter 41 jahre
- hallo domian
- hallo peter
- bin sehr sehr nervös
- wird schon peter
- danke
- was ist dein thema
- zeichenbegrenzung
- was
- zeichenbegrenzung na klar
- erklär mal bitte
- also das ist so dass manchm

110

- polizei
- ups
- was denn
- wollt die feuerwehr anrufen
- achso die hat die 112
- oje hab 110 gewählt oder
- ja
- peinlich
- was ist denn los
- nix wollt den rené was fragen der arbeitet da
- missbrauch von 110 ist strafbar
- hat doch keiner gemerkt
- doch die polizei
- uff mist

KIFFEN

- wollen wir bisschen kiffen
- bist du irre
- wieso
- das ist doch verboten
- na und
- ach so einer bist du
- was
- bist wohl auch gegen staat oder
- simone
- ist dir die verfassung denn gar
  nichts wert
- äh
- finde dich ein verräter und feind der
  demokratie
- aber
- ciao
- uff

HERKUNFT

- und wo kommst du her
- krefeld
- nee ich meine gebürtig
- warum ist dir das wichtig
- wir kennen uns noch nicht so gut
- und
- muss ja wissen was ich von dir halten soll
- ach das machst du anhand der herkunft
- ja
- wo bist du denn her
- aus bayern
- haha typisch war ja klar

SUSHI

- oh man
- was denn
- die haben vergessen den fisch zu braten
- was
- ja hier guck ganz roh
- das ist normal bei sushi
- haha okay und wo ist das besteck
- man isst mit stäbchen
- oha
- ja
- und warum hat der kellner seinen finger in meinem ohr
- meine güte immer nur am meckern

DER ORANGENSAFTSTAND

- hallo herr polizist
- guten tag kinder
- eine limo kostet 5 cent
- aha soso
- ja mhm lecker
- betreibt ihr ein kleingewerbe
- nee die orangen sind von rewe
- ist der stand denn angemeldet
- ja papa weiß bescheid
- ich meinte bei der stadt
- nö
- oh das wird teuer
- nee 5 cent

LI ONADE
3
2
1

VERWÄHLT

- hallo
- ja
- ist da gisela
- nein hier ist frank
- oh dann habe ich mich verwählt
- wir können ja trotzdem plaudern
- gerne
- wie gehts denn so
- gut
- fein
- was machen sie beruflich frank
- ich bin bundespräsident
- na ja für mich wär das nix
- ist auch viel stress
- glaub ich
- man muss viele gespräche führen
- so wie gerade oder
- ja

GLURAK

- hey glurak na
- glurak glurak
- wie gehts so
- gluuurak
- und die kinder
- glu glu raaak
- hast du das von petra gehört
- glurak gluuu
- haha ja
- gluraak
- kommst du samstag zum grillen
- ab wie viel uhr
- 19 uhr
- gerne
- super freut mich
- glurak gluurak
- bis dann
- glurak

GERMANY

- and where are you from
- i am from germany
- oh great
- really
- yeah why not
- because its not that great actually
- why
- my english is not so good
- say it in german then
- der großteil der bevölkerung ist ein reaktionärer haufen idioten
- what
- yes and thats why its not that great

HUBERT

- da ist hubert der sprechende elefant
- boah nee
- was denn
- find den affektiert
- wieso das
- denkt er wär was besseres
- hm
- nur weil er reden kann
- ist doch toll
- töröö hi jungs
- hallo hubert
- alles klar bei euch
- ja
- top ciao töröö
- ciao
- ciao
- ok er ist echt nett

LEON

- leon es gibt frühstück
- nee kein bock mama
- aber frühstück ist die wichtigste mahlzeit des tages
- mama
- ja
- nur wenn man was vorhat und energie braucht
- ui
- ich lieg aber heut nur im bett & guck lustige videos im internet
- ok das stimmt mein junge
- na klar

PSYCHOLOGIE

- hallo herr psychologe
- hallo
- hab sehr probleme leider
- oje mit ihnen selbst oder
- ja genau
- wie war denn ihre kindheit
- schwierig
- aha da haben wirs doch
- tatsache super danke
- gerne
- ciao
- ciao

BOXER

- und was gibts so neues
- hab mir einen boxer gekauft
- ach was
- ja
- wie heißt er
- mike
- was frisst er so
- ach normale sachen halt
- viele proteine oder
- ja auch
- zeig mal ein foto
- hier
- ach das ist ja ein hund
- was dachtest du denn
- schon ok
- uff
- nee wuff

DER MARKT

- guck mal papa
- was denn
- cola kostet hier 3,50 €
- ja
- richtig teuer oder
- das ist normal bei raststätten
- warum
- das regelt der markt leah
- welcher markt
- stell doch nicht immer so fragen
- erkläre es mir doch
- möchtest du eine cola
- sehr gerne
- guck deswegen
- mist

REEPERBAHN

- hey na süßer
- hallo
- wie wärs mit uns
- uff du hab kaum geld mit
- wie viel haste
- 70 cent
- oha
- was bekomm ich dafür
- kleine gemischte tüte
- mhhm lecker
- ja
- bitte ohne lakritz
- gerne

UND DU SO

- hallo ich bin catherine
- cool ich bin johannes hi
- ich studiere jura
- super viel glück
- und du so
- ich schreibe
- was
- texte und witze
- witze
- im grunde ja
- aber du bist gar nicht lustig
- hab ja auch grad frei
- schade

FRISEUR

- ahh hilfe
- herr friseur kein sorge
- wer sind sie
- ich bin eine hydra
- achso puh
- ja hätte gern neue frisuren
- welche denn
- 5 x irokese 3 x glatze
- okay
- den rest schulterlang
- oh nein hab mich verschnitten
- einfach den kopf abschlagen
- huch jetzt sind da 2 neue
- hehe

SCHNITZEL

- guten tag ich hätte gern 1 zigeuner schnitzel
- hamwa nich
- nanu das hatten sie doch sehr lange im programm
- jetze nich mehr
- dann nehm ich 1 paprikaschnitzel
- jut dat is eh fast das gleiche
- achso aber was ist der unterschied
- is ohne rassismus
- mmhm lecker
- janz jenau

DISCO

- hallo wollen wir tanzen
- nein
- komm ein kuss
- nein
- möchtest du einen drink
- nein
- hab dich nicht so mäuschen
- finger weg
- kann ich deine telefonnummer
- hau ab
- du willst es doch auch
- verpiss dich
- na komm
- HILFE POLIZEI
- uff war doch nur spaß hehehe
- achsooo sorry

STERNSCHNUPPE

- da eine sternschnuppe
- schnell wünsch dir was wolfgang
- okay ich hätte gern 1 bierchen
- oh nein wolfgang
- was
- man darf nicht sagen was man sich wünscht
- scheiße und jetzt
- vielleicht klappt trotzdem

- guten tag hat hier jemand ein bier bestellt
- ja ich
- klasse hier bitte
- danke
- tja da guckst du kathrin

VALENTINSTAG

\- alles gute zum valentinstag

\-

\- schatz

\-

\- hallo

\-

\- sag doch was

\-

\- hm

\-

\- ach stimmt

\-

\- bin ja seit zig jahren single hehe

DA OBEN

- heribert schau
- was denn
- da oben
- huch was ist das
- hm
- ist es ein zeppelin
- nein
- ein vogel
- nein
- ist es etwa
- ja glaube schon
- es ist günther jauch!!
- das ist ja toll
- hallo günther
- huhu

ÜBERNACHTEN

- oh so spät ich muss dann auch los
- kannst hier übernachten
- echt
- ja ich hol die luftmatratze
- ach
- hm wo ist sie denn bloß
- muss ja nicht die luftmatratze sein
- ja auf dem sofa geht auch
- oder
- oder was
- oder halt bei dir im bett
- und wo schlaf ich dann
- uff

GÖTTER

- zeus
- oh hallo hermes
- du wolltest mich sprechen
- ja
- gehts um meinen einsatzbereich
  als gott
- genau
- juhu darf ich gott des meeres sein
- nee das ist schon neptun
- schade dann vllt gott des saufens
- das macht bacchus
- ach schade was darf ich sein
- gott der post
- uff

PLANETEN

- chef
- ja
- wir brauchen noch namen für planeten
- ok der da heißt wie der
  römische meeresgott
- poseidon
- nee das ist der griechische
- neptun
- ja top
- und der da
- wie der hund von micky maus lol
- pluto
- ja
- der hier hat richtig viel wasser
- den nennen wir erde
- haha

FRAUENBÜCHER

- was liest du da
- stokowski
- und wie heißt er mit vornamen
- margarete
- ach eine frau
- ja
- sowas liest du
- was
- so frauenbücher
- was soll das denn sein
- du weißt doch was ich meine
- nein
- ja mit frauenthemen halt
- zum beispiel
- weiß nicht lese sowas ja nicht
- ach

Ü30-PARTY

- hey kommst du mit
- wohin
- zur ü30-party
- du meinst dorthin wo lauter einsame alte menschen zu schlechter musik hilflos vor sich hinwackeln in der aussichtslosen hoffnung jemand attraktives könnte sie/ihn ansprechen & eintritt kostet 15 €
- genau
- gerne wann gehts los

FORMEL 1

- herr hamilton
- hallöle
- sie haben grad den großen preis von spa gewonn
- ja genau juhu
- saustark im kreis gefahren
- danke
- aber sie haben auch das beste auto
- stimmt mit abstand
- und haben zum fünften mal in folge gewonnen
- ja
- niemand interessiert sich für formel 1 komisch oder
- ja wundert mich
- tja

MARX

- karl was schreibst du da
- „das kapital" wird es heißen
- und worum gehts
- geld macht alle leute bekloppt
- uh ein topaktuelles thema
- ja
- das wird bestimmt ein erfolg
- meinst du
- ja das verkauft sich richtig gut
- und dann werde ich reich
- ja
- scheiße

HIGHLIGHTS DER TISCHTENNIS-BUNDESLIGA

2. Spieltag: Grünwettersbach - Bergneustadt

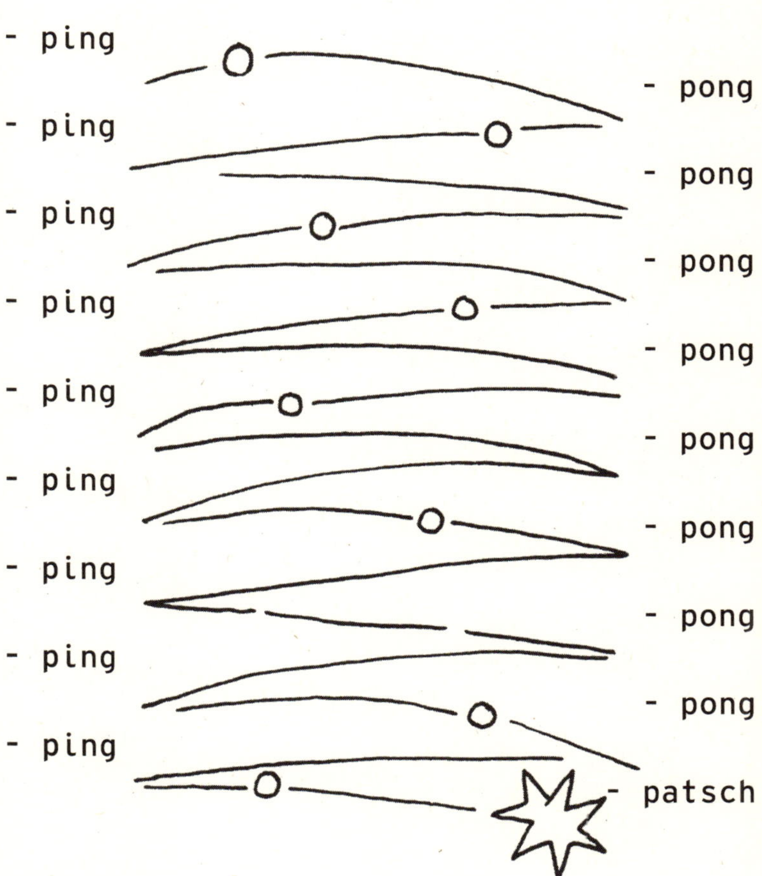

FRAU ZEISIG

- chef
- ja bitte frau zeisig
- der herr pötters
- aus ihrer abteilung
- er bekommt 250 € mehr als ich
- mhm
- dabei haben wir denselben job
- stimmt
- wollte fragen warum
- kann da leider nichts machen
- oha
- ist die gesellschaft schuld
- ach gar nicht sie
- genau
- dann entschuldigung fürs stören
- schon gut
- danke

MATHEHAUSI

- mama
- was los marie
- schaff mathehausis nicht
- oje zeig mal
- 128 minus 46
- hm stell dir vor du hast 128 kuchen
- ok
- und papa isst 46
- puh
- was ist dann
- weihnachten oder omas geburtstag
- nee wie viele kuchen sind noch da
- genug
- dann schreib das auf
- 128 - 46 = genug
- genau
- super

HERR OBER

- herr ober
- ja bitte
- da ist eine fliege in meiner suppe
- wirklich
- ja
- haha wie in all den witzen
- stimmt
- riechen sie mal an meiner blume
- gerne
- haha jetzt sind sie ganz nass
- was ein lustiger tag
- das macht dann acht euro bitte
- ach komm 10 € stimmt so
- danke

ZU MIR ODER ZU DIR ⇄

- zu mir oder zu dir
- wir müssen zu dir
- warum
- wohne noch zuhause
- oha
- und meine mutter findet dich doof
- sie kennt mich doch gar nicht
- doch
- woher
- haben dich mal im fernsehen gesehen
- wo denn
- bei wer wird millionär
- oje
- und da hat die das gesagt
- mist
- tut mir leid günther
- schon okay

FILM 3

- hallo einmal film 3 bitte
- das ist ein liebesfilm
- ja
- und sie gucken den alleine
- ja
- ohne partner
- hab keinen
- oder date
- ja
- also ganz alleine
- schluchz ja so ists
- darf ich mitgucken mit ihnen
- na klar
- oh wie schön
- dann zweimal film 3 bitte
- gerne

ENTEN

- oh nein melanie
- was denn
- guck mal
- es kommen menschen
- ja
- die schmeißen gleich wieder brot
  wetten
- nur so scheiß krümels
- man kennt das ja
- oder altes toast
- genau
- na ja aber ich steh drauf
- ich auch
- quak quak
- quak quak mein krümel
- quak meiner quak
- quak

KINO

- kommst du mit ins kino
- klar was läuft denn
- superjürgen 3
- bitte was
- kennst du nicht superjürgen
- nee
- auf den ersten blick ist er ein
  ganz normaler jürgen
- okay
- aber er kann fliegen und auch zaubern
- top
- ja superjürgen halt
- da komm ich mit
- na klar

ROBBEN STERBEN

- hallo
- oh guten tag
- wir sind von prosieben-newstime
- okay
- und wir drehen eine umfrage zum thema robbensterben
- oha
- können wir dir dazu einen frage stellen
- macht mal
- hallo was sagen sie denn zum robbensterben
- da bin ich dagegen
- okay vielen dank
- ciao

DIE NEUE KATZE

- kreisch was ist das stefan
- das ist unsere neue katze
- uff
- hab ich im tierheim gekauft
- aber ich bin doch allergisch
- oje was
- ja
- und jetzt
- entscheide dich die katz oder ich
- hm also die katz hat 30 € gekostet
- puh
- wir können ja freunde bleiben

Power Rangers

- hey
- na
- trinks du auch gern
- ja
- so wie ich
- top
- magst du power rangers
- na klar
- findest du auch den blauen cool
- ja find den sehr cool
- super
- ich geb dir ein aus kollege
- ein ouzo
- ja ein ouzo
- mhm lecker
- auf den blauen power ranger
- prost
- prost

BEIM BÄCKER

- hallo herr bäcker
- hallöle
- hätt gern 398234 brötchen & 1 BILD
- äh wie bitte
- 398234 brötchen & 1 BILD
- sind sie sicher
- ja wieso
- das ist schon ungewöhnlich
- finden sie
- ja
- achso die BILD ist zum unterlegen wenn der hund pipi macht im flur
- puh dacht schon
- hehe

OFEN

- oh oh
- was gibts simone
- glaub ich hab den ofen angelassen
- was
- ja
- oje simone wir sind seit 2 wochen auf tenneriffa
- denk mal ganze wohnung verbrannt
- 2 wochen lange zeit wahrscheinlich ist ganz hessen weg jetzt
- entschuldigung
- entschuldigung angenomm
- danke schatz

TENNIS

- hey leute ich hab was erfunden
- super was denn william
- tennis
- was ist das
- ein sport
- ok wie geht
- man schlägt einen ball mit einem schläger
- super und wer trifft ein punkt oder
- nee man zählt 15-30-40 & dann 1 punkt erst
- warum
- einfach nur so LOL
- ok na gut so machen wirs

ARZT

- hilfe ist ein arzt anwesend
- ja hier
- moment mal sie sind
- ja ich bin bela b von die ärzte
- mensch bela grüß dich
- tach
- was machst du hier
- wollt mal in so ein dialog drinne sein
- klasse
- darf ich auch noch promo machen
- wofür
- hab 1 buch geschrieben
- klar gerne
- leute kauft mein buch

(Am 25.02.2019 erschien „Scharnow“, der erste Roman von Bela B Felsenheimer bei Heyne. Ich habe das Buch nicht gelesen, aber bitte kauft es euch, ihm zuliebe.)

AN DER BAR

- hallo barmann
- hallo
- könn sie mir sagen wie spät es ist
- 15:58
- ok und jetzt
- 15:59
- und jetzt
- 15:59
- und jetzt
- 15:59
- und jetzt
- 16:00
- okay super danke
- und
- und was
- wollen sie kein bier
- so früh am tag doch noch nicht
- dachte ja nur
- unverschämtheit

DER KOPIERER

- kann ins buch noch das mit dem kopierer rein
- was
- die zeichnung
- welche
- da wo jemand sein po kopiert
- achso & dann ist da sein gesicht
- ja genau
- na klar
- super
- brauchen dann auch 1 dialog zum thema
- uff schwierig
- sonst nimm doch einfach den dialog hier
- genial

IM DEUTSCHUNTERRICHT

- hey liebe 8b tolle news
- was denn herr göbel
- wir lese jetzt 6 wochen lang
  don carlos
- das von schiller
- ja ganz genau
- hurra ein tolles werk das gar nicht
  langweilig oder altbacken ist & uns
  die freude an der literatur
  vermitteln wird
- na klar
- danach bitte effi briest

LUDWIGSBURG HAUPTBAHNHOF

- oje super viele junkies am bahnhof
- da müssen wir was tun
- hm suchtberatung vllt
- nee
- kooperation mit sozialen einrichtungen
- viel zu stressig
- hast du eine idee
- mozart & chopin über lautsprecher
- warum
- junkies hassen klassik
- dann ist das problem weg
- japp
- genial

FREMDGEGANGEN

- stefan
- ja stefanie
- ich muss dir was sagen
- oh nein was denn
- ich bin dir fremdgegangen
- mit wem
- mit stefano
- was hat er was ich nicht habe
- ein o
- was
- ja sorry musste den jetzt einfach machen stefan
- uff

ÜBERWEISUNG

- guten tag
- hallo was kann ich für sie tun
- würde gerne 1 überweisung machen
- gerne welcher betrag
- zehntausend euro
- welches konto
- von josef ackermann zu mir
- was
- ja das merkt der doch eh nicht
- das geht leider nicht
- ok 5000 €
- nein
- uff
- tja

TANKSTELLE

- guck mal meine neue tankstelle
- klasse viel erfolg
- danke
- was kostet 1 liter diesel bei
  dir rafael
- 1,45,9
- hä was
- ein euro fünfundvierzig kleine neun
- kleine neun
- ja
- wie soll man das denn bezahle
- kein ahnung machen alle so
- ok dann 40 liter bitte
- gerne

FLASCHENGEIST

- oh eine alte flasche da reib ich mal dran
- guten tag
- wer bist du
- ich bin der flaschengeist
- ja moin
- du hast 3 wünsche frei
- ach danke nein
- was
- bin wunschlos glücklich
- du wünscht dir also 0 wünsche
- ja
- okay du schuldest mir 1 wunsch dann jetzt
- moment mal

LAST CHRISTMAS

- weißt du noch letzte weihnachten
- was genau
- da gab ich dir mein herz
- ja
- doch schon am nächsten tag
- gab ich es weg
- ganz genau
- uff sorry nochmal
- kein ding
- gut
- gebe es in diesem jahr jemand ganz besonderes
- wem denn
- günther jauch
- na klar

HANDSTAND

- hey max
- was gibts
- kannst du einen handstand
- na klar
- glaub ich dir nicht
- doch
- zeig mal her
- ddoɥ pun
- tatsache
- ɥɔop ɥɔᴉ ƃɐs
- super
- ǝʞuɐp

MELANZANI

- und wie findest du wien
- toll und schön
- super
- hab gehört ihr sagt hier nicht aubergine
- nee
- wie sagt ihr
- melanzani
- irre haha melanzani
- aber ihr sagt doch auch komische sachen
- was denn
- wie sagt ihr zb zu rechtsextremismus
- „das muss demokratie aushalten“
- wir sagen „koalitionspartner“

(Schlusspointe von Cornelius Oettle)

„DING DONG"

- dingdong
- hallo
- ja hallo ich bins
- wer denn
- na der schornsteinfeger jörg
- oh hallo jörg
- möchte in ihren schornstein rein
- äh wir haben aber keinen
- oh
- moment
- was denn
- war schornstein eine metapher
- was
- was
- nein oje oh gott nein
- uff

POMMES

- hallo 1 pommes bitte
- so früh am morgen
- ja
- wollen sie nicht lieber 1 brötchen
- nein ich will pommes
- zum frühstück
- genau
- sie sind ein richtiger pommesfan oder
- ja
- super
- bekomm ich jetzt meine pommes
- na klar
- danke
- mit mayo oder ketchup
- mayo
- gerne

GESUCHT

- schatz
- ja
- muss dir was sagen
- was denn klaus
- bin ein in 7 staaten gesuchter verbrecher
- oje
- ja wegen korruption & mord
- wow
- jetzt ists raus
- ist einer der 7 staaten italien
- nein
- puh dann müssen wir den urlaub nicht umbuchen
- puh

- hey micky maus
- hallo goofy
- warst du schon wählen
- na klar
- links gewählt oder
- was sonst
- nieder mit dem kapital
- ja
- war pluto auch schon wählen
- nein
- warum nicht
- er ist doch nur ein hund haha
- aber ich doch auch
- oh
- oh
- hm
- wuff

JUGENDWORT

- sheeesh
- was
- küsse deine augen du ehrenfrau
- hans was ist los
- 1 runde cheesys auf mein nacken
- uff
- was denn
- na uff
- findest du mich nicht lit af
- hans
- ja
- so redet nicht mal unser enkel
- richtiger lauch oder
- zieh bitte die hos wieder an
- manno

HERR DOKTOR

- herr doktor
- ja hallo was gibts
- hier schauen sie mal
- was ist das
- ein foto von mir in uruguay
- und was ist das
- das bin ich im garten
- aha
- hier ich in rom
- warum zeigen sie mir das
- hab sonst niemanden
- oh
- darf ich weitermachen
- ja gerne
- hier bin ich im zoo

MIAU

- miau
- ach jetzt auf einmal oder was
- miau
- so brauchste mir nicht kommen
- miau
- nee
- miau
- ist gut jetzt
- miau
- feierabend
- miau
- denk dir mal was neues aus
- muh
- huch
- miau

LIVE FOREVER

- liam bist dus
- ja noel hallo
- weißt du noch damals
- was
- unsere band
- ach ja
- das war ne scheiß zeit oder
- fuck ja habs gehasst
- jeden abend besoffen
- jeden abend gebumst
- jeden abend applaus
- mhm
- hm
- was machst du heut abend
- nichts wieso
- nur so
- uff

AUFLEGEN

- du legst auf
- nein du legst auf
- nein DU
- du legst auf
- nein du
- du legst auf
- du
- nein du legst auf
- du legst auf
- nein DU
- du legst auf
- nein du
- du
- DU legst auf
- ja gut ich machs
- wirklich
- ja
- was wird der erste song
- hermes house band country roads
- top

MIS^{2}IS^{2}IPPI

- wie viele s sind in mississippi
- alle
- sehr witzig daniel
- danke

NETFLIX&CHILL

- so was gucken wir jetzt
- mh
- was denn los
- na ja
- sag
- dachte der abend läuft anders
- wieso
- dachte wir bumsen
- bitte was
- ja netflix&chill halt
- ist aber nicht netflix&chill hier grade
- sondern
- ard mediathek & entspannen
- uff
- wie wärs mit anne will jetzt

PAPIERE

- halt stopp polizei
- oje
- fahrzeugpapiere bitte
- hab ich nicht
- warum
- ist ein geklautes auto
- und
- ich weiß nicht wo die sind
- vielleicht im handschufach
- ah ja tatsächlich
- super
- hier bitte
- danke sieht doch gut aus
- puh
- dann gute fahrt noch

MÜNZEN

- haste mal ne mark
- bitte was
- haste mal ne mark
- ne mark
- jawoll bin münzsammler
- oha
- suche die seltene prägung von 1972 stuttgart
- achso
- ja
- hier bitte
- klasse danke
- dachte erst sie wären bettler
- iwo die wollen ja euro
- stimmt
- haben sie denn auch euro

POSTLEITZAHL

- das macht dann 27,92 €
- hier bitte
- danke
- gerne
- oh eine frage noch
- ja
- was ist ihre postleitzahl
- warum
- ich soll das fragen
- sagt wer
- mein herz
- was
- ja ich bin verliebt in sie
- oh
- und möcht sie kennenlern
- wirklich
- nein ist eine dienstanweisung
- schade

SAND

- möchtest du ein zigarette
- nein danke rauche nicht
- ein schnäpschen denn
- trinke nicht
- auch kein bier
- nein
- straight edge oder was
- ich bin acht jahre alt onkel heinz
- ja und
- hm
- hast du denn gar keine laster
- doch
- was denn
- ich esse gerne sand
- na siehste

TELETUBBIES

- hallo dipsy
- hey tinky winky
- hast du jonathan gesehen
- wen
- johnathan
- wer ist das
- der fünfte teletubbie
- es gibt einen fünften teletubbie
- ja den johnathan
- ach kenn ich nicht
- er meidet die öffentlichkeit
- warum
- wir sind ihm peinlich
- warum denn
- weiß nicht
- hm

ORGANSPENDEAUSWEIS

- hier schau mal doktor gregor
- was denn
- ein organspendeausweis
- vorbildlich
- dann nehm ich die niere
- was
- und die milz auch
- so läuft das aber nicht
- such dir doch auch einfach was aus
- nein
- wieso nicht
- weil der patient noch lebt
- ja gut ok

DIALOGBAUKASTEN

- person 1 sagt hallo
- person 2 sagt hallo
- person 1 sagt was
- person 2 sagt was
- person 1 sagt was
- person 2 sagt was
- person 1 sagt was
- person 2 sagt was
- missverständnis
- pointe
- person 2 sagt uff oder na klar

viel spaß

BONUSMA+ERI@L

brigitte komm zurück ich habe mich geändert

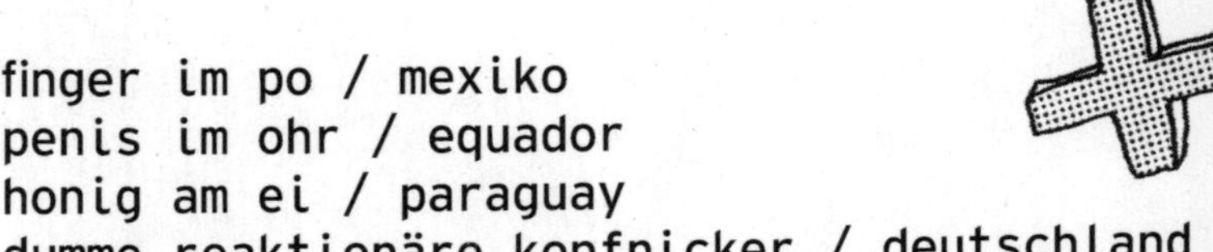

finger im po / mexiko
penis im ohr / equador
honig am ei / paraguay
dumme reaktionäre kopfnicker / deutschland

links und rechts ersetzen durch
cool und uncool
„ich bin politisch eher cool"

fotos sind texte ohne buchstaben

+++ rezept für ein leckeres glas wasser +++

500 ml wasser

fertig

schau mir gern mehrteilige dokumentationen über mich an schade dass es keine gibt es gibt 161 spielplätze in krefeld und ca. auf der hälfte davon hab ich schon geschaukelt und gewippt

---

wir sind helden
einfach eine tolle band finden meine ohren aber mein gehirn sagt nein johannes du bist keine vierzigjährige hausfrau es ist ein ewiger zwist

---

am nachbartisch wollte ein kind einen witz erzählen hat aber die pointe vergessen & jetzt rätseln hier alle was weiß ist und den berg runterrollt???? vllt reinhold messner????

---

idee: züge dünner und länger machen so dass niemand mehr neben irgendwem sitzen muss

ich bin erwacht in einem meer aus gummibärchen überall gummibärchen aber fast nur die grünen ich entschied mich so viele zu essen wie ich nur konnte und nach zwei stunden hatte ich sehr glückliche bauchschmerzen und fiel in einen verdauungsschlaf der bis soeben anhielt

ich hab mir heute auf dem wochenmarkt eine giraffe gekauft und mir nichts dabei gedacht aber jetzt passt die nur liegend ins wohnzimmer oh man

ja es stimmt ich bin ein frechdachs

ich gehe nur deswegen über rot weil ich das als kind mal gesehen hab wie das ein anderer gemacht hat

wenn ich mal heirate dann nur auf rtl 2

irgendwo in deutschland sitzt gerade eine
silke mit bekannten am wohnzimmertisch und
beendet eine peinliche stille mit
den worten „also auf mallorca, da gibt
es viele tolle, ruhige ecken, das wissen
ja viele gar nicht!“ und verteilt im
anschluss cocktailtomaten

comicidee

das ermittlerduo „die algorith-men“
ist immer da, wo am wahrscheinlichsten
was passiert

alle leut die jemals
„so gehts nicht weiter“
gesagt haben hatten unrecht

aus milch kann käse werden aber auch kakao
jogurt quark schmand butter oder vieles
vieles mehr fanta jedoch bleibt immer
fanta und deswegen ist milch besser als
fanta

stellt euch vor ihr seid ein netter kleiner fisch vielleicht ein barsch oder rochen und dann werdet ihr gefischt von einen großes netz und die menschen nennen euch dann beifang und schmeißt euch weg

---

treffe christian lindner an der tankstelle er fragt mich ob ich nen fünfzig euro schein klein machen könnt ich frage wie klein denn noch & wir fangen an zu lachen

---

vier kinder laufen am hbf duisburg lachend die rolltreppe falschrum hoch was ist nur los in diesem land

---

der taxifahrer fährt einen unnötigen umweg um 1,50 € mehr zu verdienen ich merke es aber lasse es geschehen das ist das feeling von samstagnacht

---

kein wunder dass sich keine sau für politik interessiert
so kompliziert wie das alles ist

entweder man trainiert seine muskeln und ist doof wie heu oder man ballert sich täglich beim seriengucken eine geile pizza rein und kennt sich super in der popkultur aus

---

statt einem haustier hätte ich gern ein unterwegstier was die ganze zeit schöne reisen macht & ab und an nach hause kommt und mir geschichten erzählt aus die ganze welt

---

„du siehst ja viel kleiner aus als im fernsehn“ sagte sie und nach ein kurze zeit der verwirrung stellten wir lachend fest dass sie mich mit george clooney verwechselt hatte

---

noch zweimal schlafen dann ist weihnachten

(1 kleiner witz für raver)

mein körper reagiert auf alkohol so wie
frauen auf mich

mein herz es schlägt für poesie & bier

ich bin menschlich eine katastrophe aber
ich kann
klasse saufen

ich finde es klasse, wenn sich junge leute
für naturwissenschaften interessieren.

wenn goethe damals bei poetry slams
mitgemacht hätte, wüssten wir heute nicht,
dass es ihn jemals gab

Ein Horrorfilm als Gedicht.

hm.
hm
hm
hm
hm
hm
oh
hm
hm
hm?
hm
hm
hm
hm
OOOOOOHHHH
hm
hm
hm
hm
hm.

-abspann

mystische frau vor mir im rewe to go
am hbf münster was ist dein plan für den
heutigen abend mit 1l milch
und vier dosen apfelmus

ich war klassensprecher der 5a & das kann
mir auch keiner mehr nehmen

liebe es wenn mich comedians fragen ob
ich dinge kenne

liebe es wenn weiße alte männer am theater
tausend jahre alte stücke inszenieren und
dann erzählen der stoff wäre auch für
junge leute heutzutage noch relevant und
die jugend interessiert sich einen scheiß
dafür & die rentner gucken sich dann zum
24. mal schillers „die räuber“ an

wenn man viermal am tag ironisch isst
dann nimmt man trotzdem zu

lass mir gut gehen
lass mir gut gehe
lass mir gut geh
lass mir gut ge
lass mir gut g
lass mir gut
lass mir gu
lass mir g
lass mir
lass mi
lass m
lass
las
la
l
la
las
lass
lass m
lass mi
lass mir
lass mir s
lass mir se
lass mir seh
lass mir sehr
lass mir sehr g
lass mir sehr gu
lass mir sehr gut
lass mir sehr gut g
lass mir sehr gut ge
lass mir sehr gut geh
lass mir sehr gut gehe
lass mir sehr gut gehen

der moment in dem man einen schönen popo sieht und dann merkt huch der ist ja von einem geschlecht das einen sexuell gar nicht interessiert & daraus dann lernt dass wir alle schöne popos haben können

an einem tag zum zweiten mal essen bestellen und dann der thrill ob es wohl der gleiche lieferjürgen ist wie mittags

eigentlich ist in kinder country alles drin was der mensch an vitaminen braucht

bin im echte leben eher schüchtern aber in büchern lass ich gern mal die sau raus und schreib zb absichtlich wörter falsch

ich könnte viel berühmter sein wenn ich zu allem und jedem eine meinung hätte.

find narzistisch wenn leute über sich selbst reden anstatt dass ich was interessantes von mir erzählen kann wenn ihr damals nicht alle den supergeil opa gefeiert hättet wäre es heute nicht so teuer bei rewe

ich stand vor der großen frage „kind oder karriere“ und hab mich dazu entschieden ein kind zu bleiben

manchmal machen grundschulklassen ausflüge in meine wohnung wo ich dann als mahnendes beispiel diene dass man sich anstrengen muss im leben

manchmal wiehere ich beim spazierengehen um die natur zu verwirren

ich hab mir ein nashorn als haustier gekauft bis jetzt flop scheißt mir alles zu der kollege und nimmt mega platz weg kann ich nicht empfehlen

ich fand heidi klum mit 13 megageil aber da wusste ich auch noch nicht was menschenrechte sind wer tanzt ist nur zu dumm zum sitzen

ich bin genau mein humor

„anbei“ - das magische wörtchen das ausschließlich verwendet wird wenn man hochtrabend sagen will dass sich im e-mail-anhang irgendwas befindet

könnte mir vorstellen langfristig eine wichtige position in einem dax-unternehmen zu bekleiden

war mal auf safari und habe dort sehr sehr nette löwen kennengelernt wir sind heute noch in kontakt

so, wie sich clownfische fühlen, wenn wieder jemand mit dem finger auf sie zeigt und ruft: „ah, da ist ja nemo!“, exakt so fühlt es sich an, als poetry slammer auf julia engelmann angesprochen zu werden.

ich hatte mal hausverbot in einer kneipe weil ich mich zu heftig darüber beschwert habe dass der preis für ein kleines bier von 1€ auf 1,40 € angehoben wurde

vor dem einschlafen kleine mücke in meinem zimmer erspäht aber trotzdem todesmutig eingepennt jetzt am nächste morgen bin ich nicht gestochen worden habe aber habe schnupfen was hat der kollege da
gemacht frag ich mir

ich bin nicht betrunken ich bin nur sehr dumm

hunde die in
menschenkot treten

schon irgendwie traurig: eine schildkröte die in Paris geboren wird kann es aus eigener kraft niemals zeit ihres Lebens nach New york schaffen einfach nur weil die viecher echt superlangsam sind :(

günther jauch und ich wir beide haben einen erbärmlichen abischnitt von 3,1 & trotzdem ist aus der hälfte von uns was geworden und günther ist halt beim fernsehn

günther jauch bringt dir frühstück ans bett und mit frühstück meint er seinen wein

günther jauch hält deine hand beim zahnarzt fest und zwar schon im wartezimmer

günther jauch kämpft mit dir gegen das patriarchat

günther jauch kann am geruch erkennen ob milch noch gut ist

günther jauch weiß wie man die SPD retten könnte aber ihn fragt halt keiner günther jauch weiß beim eishockey immer ganz genauwo der puck ist

günther jauch redet im bus nicht mit dem fahrer
günther jauch ist 1992 in einer wilden partynacht in göppingen mal über rot gegangen und hat bis heute albträume deswegen

günther jauch weiß wie man zuchhini richtig schreibt

günther jauch ist noch nie mit einem regionalexpress gefahren aber er wüsste wie es geht und das ist der zauber der ihn für mich so besonders macht

zzz

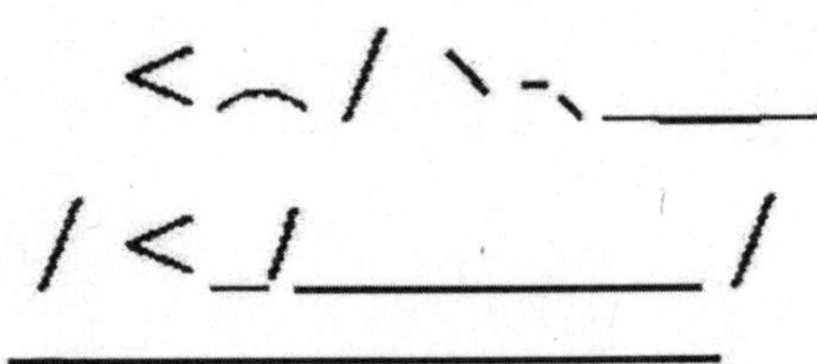

```
      ∧_∧      günther
    ( ・ω・)     jauchs
  _|  ⊃/(____     zweitname
 /   └-(_____/ ist
 ̄ ̄ ̄ ̄ ̄ ̄ ̄ ̄      johannes
```

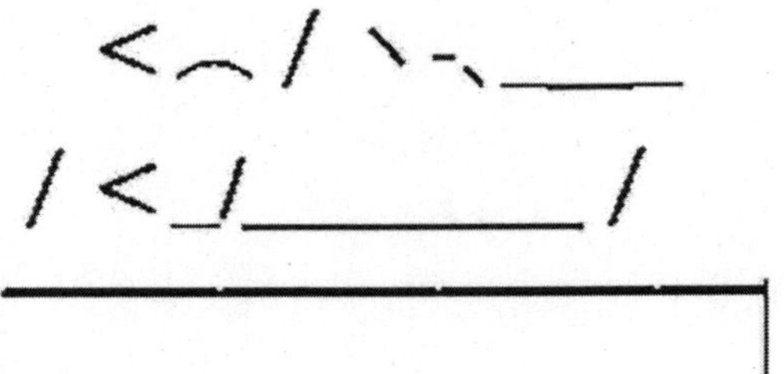

suche tennispartner der immer kurzfristig absagt damit man sagen kann ja klar ich geh jede woche tennis spielen aber dann kommts halt nicht dazu versteht ihr

wenn mir alle leute 10 euro schenken sag ich nie wieder was gegen den kapitalismus

intellektuelle sind für mich so leute, die dinge ohne das wort „so“ beschreiben können.

mir ist egal welche nationalität ihr habt hauptsache ihr seid gut drauf

demokratie geht so lange gut bis leute merken dass nicht alle ihrer meinung sind

mit einer flasche doppelkorn im arm besoffen in der eigenen kotze vorm hauptbahnhof zu liegen ist eine willkommene abwechslung zum oft monotonen alltagstrott kinder die früher geolino gelesen haben stehen heute vor dir im biosupermarkt an der kasse und suchen im portemonnaie nach der payback-karte & sagen „ach gottchen gleich hab ich sie uno momento“

am pool steigt eine schönheit aus dem wasser auf ihrem rücken erscheint als tattoo ein gedicht

this ain‘t nothin‘ but a summer jam/
bronze skin and cinnamon tans wohoho/
this ain‘t nothin‘ but a summer jam/
we‘re gonna party as much as we can/
heyyeeeyey, ooowhoh, heyeeyy

nach einer wilden partynacht bin ich soeben auf einem tisch liegend wach geworden horst lichter war da und ein experte hat geschätzt ich bin 50 € wert na klasse

oje schon in 15 minuten hält der ICE kommt leute wir bilden einen großen pulk vor der türe damit wir die fünfminütige aussteigephase nicht verpassen und schweigen uns an ich möchte ein riesiges musikfestival organisieren mit tausende besuchers und auf der telekom-cocacola bühne spielt 12 stunden lang ein mädchen schief blockflöte & niemand merkts

hat schon ein dj seine veranstaltungsreihe „singles mit niveau“ genannt

kennt ihr das wenn es ein richtig intimer romantischer moment ist & euch euer instikt dazu rät jetzt das handylicht anzumachen und in den himmel zu recken

hab gerade darüber nachgedacht ob an die fahrräder bei der tour de france eine klingel angebracht ist und dann gedacht nee ist doch dumm johannes was machst du dir für gedanken und wenige sekunden später tippte ich „tour de france“ in meine adressleiste und sah nach ...

was eine vernünftige band hat:
- schlagzeug
- gesang
- bass
- gitarre

was eine scheißband hat:
- erfolg
- ukulele
- autotune
- klavierballaden
- airtime im radio
- anderen merchandise als shirts
- mark forster

---

jens spahn hat früher die donald-duck-geschichten im lustigen taschenbuch übersprungen weil sie ihm zu frech waren

---

ein mensch, der 20 jahre lang komplett isoliert im wald lebt, schuldet dem staat durch steuern (rundfunkgebühren, sozialleistungen & sonstige angaben) exakt 107.953 €.
(find die zahl selber eindrucksvoll, auch wenn ich sie mir nur ausgedacht habe)

2021 erscheint mein neues buch „johannes träumt herr der ringe" (hardcover, 19,95 € bei dumont) es ist die ganze geschichte von herr der ringe aber in anführungszeichen und am ende ein „träumte johannes".

dumm und ungeduldig wer sich eine haarverlängerung kauft wenn man auch einfach warten kann

warum übernehmen wir von den usa nur so quatsch wie halloween oder kapitalismus und nicht so was cooles wie briefkästen mit diesen lustige fähnchen dran

die deutsche sprache geht nicht durchs gendern kaputt sondern wegen leuten die wo alles klein ins internet oder in bücher reinschreiben

peinlich wer noch filme guckt ihr wisst aber schon dass das alles nur ausgedacht ist oder

früher als es noch keine nachnamen gab
musste man sich immer absprechen weil es
durfte zb nur einen jürgen im dorf geben
weil man sonst durcheinander
kam & wenn ein neuer jürgen geboren
wurde musste der alte sterben so war es
leider damals

im wikipediaartikel meiner geburtsstadt
steht der satz „willich ist eine eher
funktionale stadt ohne eine große
anzahl sehenswürdigkeiten“
and i think thats beautiful

sprache ist im wandel und so heißt zb
„stabile seitenlage“ heutzutage dass man
einfach sehr sehr lässig irgendwo rumliegt

---

denke mal jede/r brillenträger/in kennt
die situation dass man morgens vergisst
die brille aufzusetzen und dann läuft man
zur falschen arbeitsstelle geht danach zu
vollkommen anderer familie nach haus gibt
einer verkehrten person einen kuss & sagt
oh man was für ein stressiger tach

zu einem rundum gelungenen urlaub gehört es für mich dazu beim lesen der speisekarte einen lustigen übersetzungsfehler zu entdecken und ihn ins internet zu stellen

sterne - wo sind sie tagsüber?????

der „fruchttiger“ heißt so weil sein name der komperativ von „fruchtig“ ist und falco singt beim kommissar nicht „dadideldummdidummdumm“ sondern „drah di net um“ also dreh dich nicht um

was man in hamburg gemacht haben muss

- fransenbrötchen essen
- mit der reeperbahn fahren
- sagen „oh das könig-der-löwen-musical müssen wir uns auch mal ansehen“
- auf st pauli penner/punks gucken
- alster trinken
- ankertattoo stechen lasse
- übers wetter reden
- fotos

imbisscheck: gyrosteller

+ wird von lieferjürgen bis an tür gebracht
+ tzazikivitamine
+ nur das beste fleisch
+ morgens mittags abends ein genuss
+ gyrosfans sind gut im bett

- ruckzuck aufgegessen weil so lecker
- dicke gyrosplautze
- 9 € mindestbestellwert

fazit: lecker

haustiercheck: quallen

+ hat nicht jeder
+ quallenlifestyle
+ sehen gut angeleuchtet spacig aus
+ sind integer, erzähln nix rum

- könn wenig coole tricks
- sind sehr wabbelig & unstet
- brauchst ständig frische wasser
- keiner weiß was sie essen

fazit: in ordnung für manche/einige

coolnesscheck: tauben

+ geiler außenseiterlifestyle
+ geben kein fick auf ihr image
+ kacken leuten auf kopp
+ begnügen sich mit krümeln
+ gurr gurr
+ ihnen gehört die city
+ bringen frieden
+ und post
- was sind das für komische füß
- langweiliges design

fazit: cool

leute wo mal in krefeld gewohnt haben oder wohnen:

- ingo lenßen
- andrea berg
- pete doherty
- joseph beuys
- @kriegundfreitag
- ich

leute wo mal in berlin gewohnt haben oder wohnen:

- mario barth
- alle von gzsz
- niels ruf
- beatrix von storch
- mark forster

denk mal damit ist alles klar oder

HIDDEN TEXT

GÜNTHER JAUCH & ICH

„Und das hier“, Günther Jauch legt seinen Arm um mich, „das ist der Johannes. Toller Typ!“ Er lacht und ich lache mit, ist doch klar. „Günther, wollen wir noch ein Gläschen trinken?“, frage ich ihn & plötzlich wird er ungeahnt ernst. „Aber morgen muss ich früh raus“, sagt er. „Wann denn genau?“, frage ich, Günther schaut verlegen zum Boden: „Na, so um zwölfe rum ...“
Beherzt beginne ich zu lachen, das wäre ja überhaupt nicht früh. Acht Uhr, das ist früh, aber doch nicht zwölf.
„Für mich ist das früh. Habe eben ein anderes Leben als du, Johannes“, erklärt er.

Ich schaue ihm verträumt in die blaugrauen Augen: „Aber ein Gläschen muss trotzdem drin sein, oder?“
Günther verzieht das Gesicht so, wie er es im TV tut, wenn die Kandidaten seiner Ratesendung was nicht wissen.
„Nein. Auch kein kleines. Gar keins. Pflicht ist Pflicht. Es tut mir leid.“
Seine Stimme wird brüchig, es tut ihm spürbar weh, einen so guten

Freund wie mich im Stich zu lassen. Sekunden der Stille verrinnen; mein Hals ist trocken, muss ich wirklich alleine saufen heute? Günther kämpft mit seiner Stimme. Weint er etwa? Leise sagt er schließlich, merklich angeschlagen: „Vielleicht wäre es besser, wenn du jetzt gehst."
„Günther ...", fährt es aus mir.

Ich umarme ihn und spüre, wie immer mehr Tränen auf meinen Rücken purzeln. Die anderen circa vierzig Leute im Raum schauen dem Schauspiel teils mitleidig, teils belustigt zu. Eine junge Dame bietet an, anstelle Herrn Jauchs mit mir zu trinken.

„Nein", entgege ich, „das geht nicht. Du bist nicht Günther. Mein Günther ..." Günther drückt sich immer fester an mich. Plötzlich spüre ich es vibrieren. Im Unterleib. Ah, es ist sein Handy. Günther löst sich aus der Umarmung und meldet sich, so professionell es gerade geht, am Telefon:

„Jauch?“
Mit jeder Sekunde wird sein Blick klarer, die Trauer weicht einem kleinen Lächeln auf seinen Lippen.
Mit wem telefoniert er?
Was wird ihm gesagt? Seine Hand greift nach meiner und mein Herz klopft immer schneller.

„Gut, danke. Auf Wiederhören.“ Günther steckt das Handy langsam zurück in seine Hosentasche. „Was hat dir die Person am Telefon gesagt? Sag es!“,
flehe ich ihn an, meine Ungewissheit endlich zu beenden. Kurz schließt Günther die Augen und lächelt, dann holt er tief Luft & sagt: „Das war der Chef vom RTL. Das Meeting morgen fällt aus.“
Ich kann mein Glück kaum fassen: „Das heißt ...“

Günther unterbricht mich: „Ja, das heißt, wir können doch noch
ein Gläschen trinken heut.“ Ein paar erleichterte Seufzer im Raum sind zu hören, dann ein kleiner Applaus.
Erneut falle ich ihm um den Hals, dieses

Mal vor Glück. Weil ich nicht weiß, wohin mit meiner Freude, klopfe ich IHM mehrmals auf den Rücken.

„Na dann, los!“, rufe ich euphorisch, lachend hält mich Günther am Arm: „Aber nur ein kleines Gläschen!“

JOHANNES FLOEHR

Johannes Floehr ist Humorist, Autor, Moderator und Slam-Poet.
Aber vor allem: richtig frech.
Der sympathische Zwei-Meter-Mann hat mit seinen Scherzen und Werken bereits diverse Auszeichnungen gewonnen, unter anderem den Jugendliteraturpreis des Heinrich-Heine-Instituts (2014).
Aktuell spielt er sein neues Solo-Programm „ich bin genau mein humor“,bestehend aus Texten, Stand-Up, Tweets, Auszügen aus seinen Büchern „Buch“ (2018) und „Dialoge“ (2019), und – gemäß dem Programmtitel – dem, was er eben selbst witzig findet.
Die Süddeutsche Zeitung schrieb: „Das Lustigste, was derzeit auf deutschsprachigen Bühnen zu finden ist!“ – zwar nicht über ihn, aber das kommt ja vielleicht noch.

Mehr auf seiner Internetpräsenz:
www.johannesfloehr.de
und, natürlich, bei Twitter unter @uerdinger.

ALEX MAGES

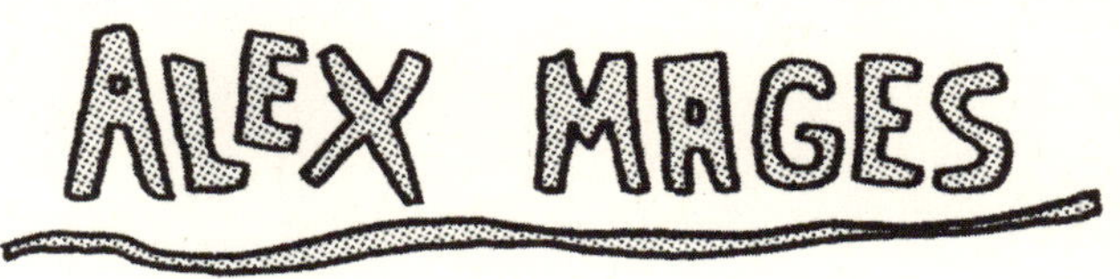

Alex Mages ist Illustrator, Comiczeichner und Grafikdesigner und derzeitig in Nürnberg. Er arbeitet größtenteils mit Tusche auf schlechtem Papier. Koloriert wird digital. Man könnte meinen, dass er vor allem aufs Sauhundzeichnen spezialisiert ist, doch kann er auch andere Dinge.

Mehr im Internet:
www.alexmages.de
Instagram.com/alexmages.artwork
@aalinger

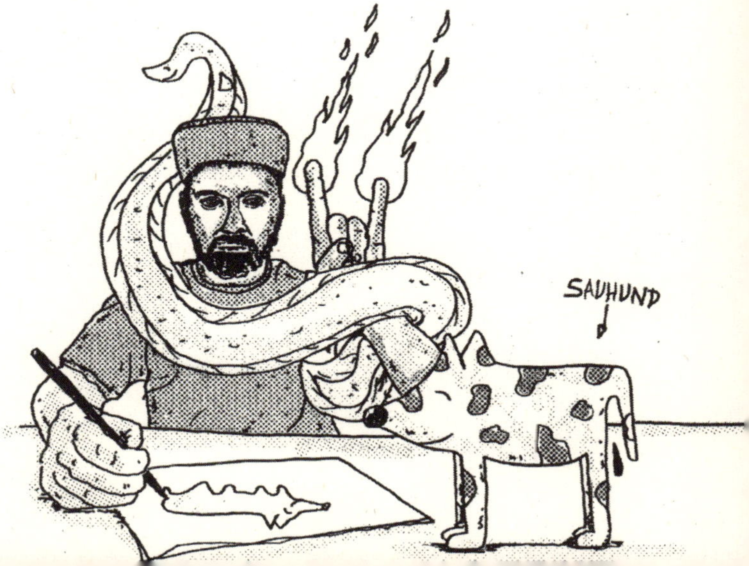

Bei Lektora erschienen

Johannes Floehr

Buch

Wissenschaftler haben herausgefunden: Der Klappentext ist der wichtigste und zugleich unwichtigste Text eines Buches. Ihn liest jeder und niemand. Er dient im Optimalfall als Kaufentscheidung, kann aber, falls schluderig formuliert, auch abschreckend wirken, z. B. durch Rehctschriebfehler. Enthalten sollte er grundsätzliche Informationen über den Autoren des Buches: Wann ist er wo geboren worden, vielleicht auch warum? Hat er bislang etwas Tolles erreicht in seinem Leben? Wohnt er irgendwo? Sowas muss da hinein. Erst recht, wenn der Titel der Textsammlung nichtssagend »Buch« lautet und der Autor ein Krefelder namens Johannes Floehr (Jahrgang 1991) ist. Immerhin gewann er 2014 den Jugendliteraturpreis des Heinrich-Heine-Instituts für einen Text, der auch in »Buch« enthalten ist. Ob man herausfinden kann, welcher?

»Wenn man den Papiermüll der TITANIC-Redaktion mit all den verworfenen Ideen durchwühlt, aus dem daraus gewonnen Material Sybille Berg ein Haiku schreiben lässt und dieses anschließend von Olli Schulz vertonen lässt, hat das nicht wirklich viel mit Johannes Floehr zu tun, ist aber sicher witzig. Johannes Floehr ist auch sehr witzig.«
(Sophie Passmann)

ISBN 978-3-95461-110-2
12,90 Euro

www.lektora-verlag.de/shop

Bei Lektora erschienen

Fabian Navarro

Chroniken von Naja

Fabian Navarros Texte vereinen Klanglichkeit, Bildlichkeit und die Freude, Sprache zu gestalten. Sein dritter Gedichtband versammelt die besten Texte der letzten Jahre. Hier treffen Mischwesen aus Drachen und Kaugummiautomaten auf zagende Zausel; monolithhohe Aktenstapel ragen über dampfende Berghänge. In Neuauflagen von Wilhelm Busch oder Edgar Allan Poe verbindet er spielerisch zeitgenössische Themen mit bekannten Werken der Weltliteratur.

»Um wirklich ehrlich zu sein: einer der ganz wenigen Künstler, bei denen ich immer noch regelmäßig Gänsehaut bekomme, egal, wie oft ich die Texte höre.«
(Michel Abdollahi)

»Er war eines meiner ersten Vorbilder im Slam!«
(Mona Harry)

»Ich habe so viel von ihm gelernt,
z. B. ›¿Cuántas camisas hay en el bolso?‹«
(David Friedrich)

»#yasmohatgesagt Man möge den Navarro lesen!«
(Yasmo)

ISBN 978-3-95461-103-4
10,90 Euro

www.lektora-verlag.de/shop

Bei lektora erschienen

Jan Schmidt

Jan-Schmidt-Kalender

Lange mussten wir auf ihn warten, endlich ist er da: der große Jan-Schmidt-Kalender. Wie sehr ärgert es einen doch immer, wenn man das süße Fohlen vom August für das hässliche Adlerbild vom September eintauschen muss. Der große Jan-Schmidt-Kalender befasst sich nur mit Wesentlichem, nämlich mit dem wohl schönsten und formidabelsten Foto von Jan Schmidt, welches je erblickt wurde. Dazu gibt es wichtige Feiertage, die sonst nur wenig Beachtung bekommen, wie den Kräuter-statt-Salz-Tag oder den Tag des Friedhofs. Die Welt hat darauf gewartet und wir sind froh, auf ihr Bitten zu antworten.

6,00 Euro

www.lektora-verlag.de/shop